PARCOU

La série Collè

Jean Jordy et Gérard Langlade

LE BLÉ EN HERBE
Colette

par *Jean-Paul Rebour*

BERTRAND-LACOSTE
36 rue Saint-Germain-l'Auxerrois - 75001 PARIS

SOMMAIRE

Repères

Le signe 𝔸 en marge renvoie aux
Activités qui figurent en bas de page

Avant-propos

Rozven

par St-Coulomb (Ille-et-Vilaine).

Si cette lettre te tombe, comme on dit, à Paris, mon enfant Léo, qu'elle t'apprenne seulement ceci : au sortir de la gare, à St-Malo, tu trouves des voitures à cheval. Tu en élis une, et tu lui dis « allons à St-Coulomb ». Car le cocher peut n'entraver que pouic au mot Rozven. À St-Coulomb, tu hèles, par exemple, quelqu'un de chez Mahé-Guilbert, petit commerce d'étoffes (c'est écrit sur la porte, au tournant de l'église) et tu demandes à la bonne femme le chemin de Rozven chez Mme de Jouvenel. Et tu t'amènes, avec ton cheval, en loucedé.

Que si des fois tu sais d'avance l'heure de l'arrivée de ton train à St-Malo, télégraphie-la moi. Parce qu'alors j'enverrai quelques enfants, au détour du petit chemin que connaissent les seuls initiés, pour pousser de grands cris. Je t'embrasse et je t'attends.

Colette de Jouvenel.

Lettre à Léopold MARCHAND (1920),
« Lettres de la Vagabonde », Flammarion.

Soyons honnêtes. Si le texte n'était pas signé, n'aurions-nous pas hésité avant de l'attribuer à son auteur ?

Mais n'est-elle pas agréable à lire cette lettre de Colette qui, en vacances à Rozven, invite un de ses amis Léopold Marchand, son collaborateur pour l'adaptation au théâtre de ses romans, à venir passer quelques jours sur la côte bretonne ?

Il y a la joie, d'abord, qui éclate et qui trahit la chaleur de l'accueil réservé au visiteur lorsqu'il franchira, pour la première fois, le seuil de la propriété des Jouvenel.

Puis il y a le style ; reconnaissons que « le cocher peut n'entraver que pouic », ou « que si des fois, tu sais d'avance », ne sont pas de ces expressions que l'on a coutume de lire sous la plume de celle à qui l'on a quelquefois reproché une « écriture trop ciselée ». Mais, en ces mois de vacances 1920, on est libre, on est relaché. C'est le bonheur complice, promesse de joies simples.

Et puis il y a… une route difficile à trouver, une voiture à cheval, des enfants qui s'amusent… autant de détails qui font penser à d'autres fêtes, à d'autres domaines secrets.

Secret, le « petit chemin que connaissent les seuls initiés » ; les mots évoquent une retraite sûre où ne sont admis que ceux qui ont subi les épreuves, qui ont su montrer leur valeur au feu de l'amitié de Colette.

Tout est fait pour protéger cette maison de vacances ; tout semble arrangé pour que, seuls, les cris de joie troublent le calme de Rozven, hâvre oublié.

Mais si quelques événements allaient troubler cette sérénité ? Si la vie, tout simplement, avait décidé d'aller faire un tour par là-bas, sans demander le mot de passe à « la bonne femme de chez Mahé-Guilbert », « en loucedé » ?

Nous nous sommes permis, pour la première et dernière fois de ce parcours, – et pour le seul plaisir – ces références rapides à la biographie de l'auteur : Rozven, Bertrand de Jouvenel, Colette elle-même sont à coup sûr présents dans *Le Blé en herbe*. Mais on ne saurait lire ce récit dont les héros se nomment non point Bertrand, mais Philippe, non point Sidonie-Gabrielle Colette, mais Camille Dalleray, comme un roman à clés, qui dissimulerait une confession, qui travestirait une histoire vécue. Le roman doit se lire comme une œuvre autonome, obéissant à ses propres règles, construisant ses émotions et son univers singuliers.

Du tableau tout en contraste des personnages mis en scène par le narrateur à l'évocation grandiose d'une nature vibrante de sensations, Colette construit un récit d'apprentissage, non pas seulement celui d'un jeune homme qui découvre « ces émotions que l'on nomme, à la légère, physiques », mais surtout celui de deux adolescents qui unissent leurs découvertes au chant du monde auquel ils participent.

Loin d'être un roman qui s'ancre dans un quotidien réaliste ou qui s'inspire d'une histoire sentimentale au parfum de scandale, le récit chante la liberté et la joie d'aimer, la fraîcheur et l'innocence des émotions puissantes, l'ivresse des corps et des âmes en harmonie avec le monde, purs.

I. UN, DEUX, TROIS... SEUILS

Entrer dans l'intimité d'un texte écrit c'est souvent commencer par une pause sur le titre, sur la couverture lorsqu'elle est illustrée. Il faut apprendre à savourer ses « attentes de lecture »…

Vous avez entre les mains le volume des Éditions « J'ai lu » (n°2) du *Blé en herbe*. Et, déjà, des rapprochements se sont faits, des souvenirs sont revenus, des images oubliées des dernières vacances se sont rallumées, qui vont nous aider à lire la couverture.

❑ Un personnage, un objet, un espace

• Un camaïeu de bleu pour des symboles

Dès le premier coup d'œil, nous sommes frappés par la dominante bleue de la couverture : bleu du ciel, bleu de la mer ou de l'océan ? On ne peut le dire. Peut-être les deux à la fois, car la position alanguie du personnage en équilibre sur la ligne d'horizon nous masque la frontière où l'eau touche le ciel.

Ce bleu évoque irrésistiblement l'été, des vacances au bord de l'eau.

Activités

1. Cherchez dans le Dictionnaire des Symboles *(coll. Bouquin, éd. Robert Laffont) la symbolique de la couleur bleue. Quels aspects éclairent votre perception de cette couverture ?*

2. Quel sens donnez-vous au titre de l'œuvre ? Quel(s) rapport(s) établissez-vous entre le titre et l'illustration ?

Du bas vers le haut, le concepteur nous offre presque toutes les teintes de cette couleur primaire : du bleu-violet à l'azur pâle. Des fonds marins au plus haut du ciel, notre regard est entraîné sans rencontrer d'obstacle et peut se perdre dans l'infini. Dans le spectre des états d'âme, le bleu est le symbole de ces moments où l'on s'arrache avec peine au passé en espérant du futur un remède à son mal être. Le ciel peut se charger de nuages comme semblent le suggérer les masses sombres autour de la tête du personnage ; tout en haut, le ciel reste pur.

Sur ce fond, où même le message linguistique prend la nuance dominante, se détache un personnage dénudé.

• Un personnage ambigu

Tache jaune dans cet univers bleu, la chevelure nous attire. Le rouge roux qui la teinte la fait flamboyer davantage et nous donne l'illusion du mouvement des mèches provoqué par le vent ou les courants marins. Car l'ambiguïté est recherchée. Ce personnage se trouve t-il dans l'eau ou sur la plage ? Est-ce une naïade ou une sylphide ? On ne peut dire clairement quel élément est le sien. Plus troublant encore : ce buste dénudé appartient-il à un garçon ou à une fille ? La composition même de l'image semble avoir été pensée pour maintenir le plus longtemps possible la question sans réponse. Il faut regarder avec attention pour discerner, sous le « R » du mot « Roman », la rondeur de la gorge : le personnage est une adolescente. Son aspect androgyne nous permet de lui prêter un âge : une quinzaine d'années.

Le jaune, couleur de la jeunesse, de sa vitalité, de son énergie, le jaune, espérance des moissons, domine.

Activités

• *Connaissez-vous l'auteur de cette œuvre ? À quels textes déjà lus ou étudiés rattachez-vous le nom de Colette ?*

Entre deux couleurs opposées, à la jonction du ciel et de la mer, dans un corps qui se forme, cet être ambigu, en formation, semble ainsi symboliser l'adolescence, dont « le blé en herbe » paraît la métaphore. Dans le flot de lumière, on peut se demander si la jeune fille ne se laisse pas emporter par les eaux. Toute à son rêve, elle n'offre aucune résistance, laissant les courants décider pour elle. On peut chercher à interpréter cette attitude : l'adolescence n'est-elle pas souvent la période des abandons aux hasards ?

• Un objet lourd de sens

Les yeux mi-clos, l'adolescente joue avec un coquillage. L'expression de son visage nous fait deviner l'émotion sensuelle que lui procurent le poli de la surface, la perfection de la forme.

Entre ses mains, la petite conque prend des allures de bijou précieux. Chacun peut imaginer son propre scénario. Par association d'idée, la jeune fille rêve peut-être à une bague, à une alliance qui scellerait une union que sa féminité appelle de tous ses vœux mais que sa jeunesse redoute, ou que l'élu lui refuse.

Pour nous, le coquillage évoque l'univers et les créatures de l'eau, et l'eau elle-même, source de vie, symbole de fécondité, lieu primordial de la naissance. Il renforce ainsi les représentations évoquées par l'équilibre entre ciel et eau, par leur fusion, par le corps androgyne, par l'opposition des deux couleurs dominantes, le bleu et le jaune. D'autres rapprochements renforcent cette perception.

Activités

- *En quinze lignes, émettez des hypothèses sur cette adolescente (son âge, sa présence sur la plage, ses pensées, ses problèmes...). Justifiez-les par des éléments empruntés à des indices de l'illustration et à leurs connotations.*

LA SYMBOLIQUE DE LA CONQUE

La conque est une coquille marine dont la mythologie grecque fait naître Aphrodite et dont elle fait l'attribut de Triton. Ce dernier, fils de Poséidon, était associé aux conques marines car il utilisait ces coquillages comme trompe pour apaiser la colère de la mer.

Nous avons là, deux aspects du symbolisme de la conque : son rapport avec les eaux primordiales et son usage comme instrument de musique.

Issue de la mer, la conque est en rapport avec l'élément Eau (source de vie, moyen de purification, centre de régénérescence). La conque évoque les trésors sous-marins avec l'huître perlière et la perle qu'on en tire.

Son développement spiraloïde à partir d'un point central est construit sur le «nombre d'or» et la conque symbolise alors une perfection à atteindre, mais qui demeure souvent hors de la portée des êtres humains.

Prolongements

Une constante : la Femme et l'eau

Il y a entre la femme et l'eau des affinités culturelles profondes qui se manifestent dans de nombreux tableaux, dans les publicités de nos magazines.

Dans toutes les descriptions de la formation de l'univers « l'eau a des significations symboliques innombrables qui se réduisent à trois thèmes : source de vie, moyen de purification, centre de régénérescence. Associée à peu près universellement à la fécondation, elle renforce évidemment l'érotisme de l'image féminine. Dans la tradition judéo-chrétienne qui nous gouverne en bonne part, l'eau est mère et matrice.

Cette association de la femme et de l'eau trouve sa plus belle image dans le mythe grec de la naissance d'Aphrodite qui a

inspiré les grands peintres d'Occident. C'est donc en grande partie par l'image que cette affinité s'est trouvée renforcée dans notre imaginaire. La femme qui jaillit de l'eau est bien promesse de sexualité et de recommencement, au moins dans l'aire culturelle de grande étendue qu'influence la tradition gréco-judéo-chrétienne. *

La naissance de Vénus *par Botticelli.*
Musée des Offices, Florence.

*Essai de comparaison entre la couverture de « J'ai lu » et le tableau de Botticelli ** :*

1. *Déterminez le plus grand nombre d'éléments identiques (les constantes) dans les deux œuvres (eau, ciel, flots ou vents, etc).*

2. *Faites une recherche sur Aphrodite et Vénus (Dictionnaire de la Mythologie, Marabout n° 366, par exemple).*

À la lumière de vos découvertes, quelle lecture nouvelle pouvez-vous donner du personnage de la couverture de « J'ai lu ».

* « Vingt leçons sur l'image et le sens » (Guy Gauthier, Médiathèque, Edelig)

** Une comparaison plus fouillée pourra se faire avec une reproduction en couleur prise dans le Larousse en trois volumes, ou dans « Géo » octobre 93, par exemple .

• Un peu de géométrie pour lire une image

Si les éléments référentiels (personnage, attitude, objet, décor), sont immédiatement lisibles, d'autres éléments constitutifs de l'image sont plus difficiles à déceler, mais non moins intéressants.

La composition de l'ensemble s'organise selon deux triangles isocèles dont les sommets principaux se situent, l'un sur la nuque renversée de l'adolescente, l'autre au milieu du bord supérieur de l'image. La base commune passe par le pli du coude gauche, la base du coquillage et l'épaule droite.

Pour retrouver les deux autres sommets des triangles isocèles il faut prolonger la base de part et d'autre du livre (voir ci-contre).

Au point d'intersection de l'axe de symétrie et de la base se trouve le coquillage ; cette position renforce la puissance du symbole.

La composition attire notre regard vers le haut, vers le message linguistique ainsi intimement mêlé au message iconographique : le titre, puis le nom de l'auteur, puis la source de lumière qui baigne la jeune fille exactement à l'aplomb de son corps. Les cheveux, le cou, l'épaule droite et les bras sont éclairés par dessus, l'ombre ne s'allonge pas. Le soleil est au zénith. Le choix est éclairant : point où le soleil semble suspendre sa course, il marque le passage du matin à l'après-midi, de la verdeur des premières heures à la maturité chaude de la mi-journée. Le partage de midi.

Les deux triangles construits, on peut joindre les sommets principaux et l'on fait apparaître une pyramide dont toute la base enferme et protège l'adolescente.

On peut évoquer ce que l'on sait des Pyramides, antichambres vers une autre vie, vers un autre destin, moment du passage encore. Et l'on se souvient alors que les parois des nécropoles égyptiennes étaient le plus souvent recouvertes d'un enduit bleu clair. La couverture affirme ainsi sa pleine cohérence.

Activités _____

• *Dans l'espace géométrique ainsi mis en relief, quelle dimension symbolique prend alors la jeune fille ?*

❑ Deux personnages, une heure, un lieu

A1 La couverture du *Blé en herbe*, de l'ouvrage paru chez GF-Flammarion (n°218), nous invite à formuler des hypothèses de lecture sur une photographie extraite du film d'Autant-Lara, du même titre (Voir ci-contre).

• Deux visages, deux expressions

Deux adolescents face à face s'offrent à nous sur cette couverture. Nous en reconnaissons un : c'est la jeune fille. Les cheveux blonds, l'âge justifient l'identification.

Mais elle n'est plus seule ; un garçon, jeune lui aussi, l'accompagne. On pourrait les croire frère et sœur, si l'étude de leur expression ne nous incitait à une autre hypothèse : dans le long regard qu'ils échangent se lit la connivence d'un amour qui ne peut être fraternel. Sur le visage de l'adolescente se lit l'admiration pour son compagnon. Les yeux contemplent des traits auxquels le soleil ajoute encore de l'éclat et du hâle. Mais le sourire un peu crispé, et une ombre mélancolique dans le regard, nous laissent deviner une crainte certaine, une peur du lendemain peut-être.

A2

A3, 4 Le vague sourire qui court sur les lèvres du garçon trahit son contentement à être admiré. Il doit se savoir beau et c'est en jeune conquérant qu'il reçoit l'hommage. Sur son visage aucun signe d'inquiétude : il ne pense qu'à son plaisir du moment. Il est aimé, il aime, quelle crainte aurait-il ?

Activités

1. *Pouvez-vous formuler une hypothèse sur l'époque de l'action à partir d'indices choisis et justifiés ?*

2. *Imaginez les pensées de ces deux adolescents en une quinzaine de lignes. Si vous aviez à composer la bande son, quelle musique, quel titre choisiriez-vous en arrière plan musical ? Justifiez votre réponse.*

3. *Quelles conceptions de l'amour, apparemment opposées, semblent naître de l'attitude de ces deux personnages ?*

4. *Cette image correspond-elle à celles que donne de l'adolescence les « magazines pour jeunes » ou les séries télévisées ?*

COLETTE

Le blé en herbe

GF-Flammarion

• Deux corps, deux attitudes

La composition, pyramidale à nouveau, de la photographie privilégie la position dominante de la jeune fille pour en faire, semble-t-il, le personnage principal de l'image et du couple.

Son attitude semble paradoxale : elle admire, mais domine l'objet de son admiration. Elle est agenouillée ; faut-il interpréter cette position comme un geste d'humilité, donc de dépendance ? Cependant, son corps protège l'adolescent étendu devant elle. Le jeune garçon semble même n'exister que par le regard de son amie.

Ainsi, le personnage de la jeune adolescente prend des dimensions plus larges ; elle devient la Femme dans toutes ses figures : amante, protectrice. La figure du garçon est moins riche. Il semble être prêt à croquer dans la vie à belles dents, sans tourments. Il sent la protection que lui offre la jeune fille, son admiration amoureuse, et il les accepte. Ses paupières volontairement baissées le dispensent de voir l'appréhension de la jeune fille et de s'en inquiéter.

En dépit de leurs différences, ces deux enfants s'aiment. Ne symbolisent-il pas les deux aspects d'un même moment : l'Adolescence avec ses inquiétudes et son insouciance, ses larmes et ses rires fous, ses quêtes d'idéal et ses envies de tous les jours ?

• Une heure particulière, un lieu privilégié

Les deux couvertures présentent un point de similitude : l'heure. Dans les deux, le soleil est au zénith ; dans les deux, les personnages vivent ce moment de passage. Mais à cause de la crispation du sourire de la jeune fille, nous pouvons accorder au symbole du zénith un sens que nous n'avions pas encore développé : celui du déclin, de l'effacement de « quelque chose » qui a été et ne sera plus. Est-ce la disparition de l'enfance et de ses amours tranquilles, l'apparition de l'adolescence et de ses rêves perturbés qui donnent aux lèvres de l'enfant cette mélancolie ?

Les paniers vides à l'arrière-plan évoquent un pique-nique qui vient de se terminer. Et le costume marin de l'adolescente renforce l'idée de plage et de bains de mer.

L'absence d'autres baigneurs ou promeneurs, le cadrage de la photo, l'espèce de bastion rocheux qui entoure les jeunes gens suggèrent l'idée de solitude. Les deux adolescents apparaissent coupés du reste du monde, enfermés dans leur amour.

Les autres sont rejetés hors de la sphère de leur bonheur. Mais, que « les autres » viennent briser leur splendide isolement et leur bonheur risque de chanceler.

❑ Trois personnages ou l'intrusion du destin

Le troisième document (voir p. 18), utile pour nourrir les attentes de lecture, est une affiche. Elle se trouvait sur les murs en janvier 1954 lorsque le film de Claude Autant-Lara, d'après le roman de Colette, fut projeté pour la première fois. Une affiche ne raconte pas tout ; elle donne à voir ce que l'affichiste a pensé être l'essentiel, le plus important pour accrocher notre regard d'abord, déclencher notre intérêt pour le produit ensuite. Le dessinateur a choisi de mettre en scène trois personnages et de nous laisser tisser des liens entre eux.

Activités _____

1. Imaginez, en une trentaine de lignes, le plan d'un scénario dont l'épisode central serait la scène sur la plage.

2. De la couverture de « J'ai lu » et de celle de GF-Flammarion, laquelle préférez-vous ? Exprimez les raisons de votre préférence.

3. Comparez ces couvertures à celle de l'édition de la collection Biblio du Blé en herbe… et de Roméo et Juliette… Quelles images de l'adolescence reflètent-elles ?

Affiche de G. Allard pour le film
de Claude Autant-Lara.

• Une menace ? Pour qui ?

Finie la rêverie heureuse de l'illustration de « J'ai lu » ;
brisé le tête-à-tête charmant de la couverture de GF-Flammarion ; le couple des enfants n'est plus seul au monde et la
tension apparaît. Une dame, tout de blanc vêtue, vient à passer dans l'univers des adolescents.

Représente-t-elle un danger ?

C'est ce que l'on peut déduire de l'attitude des deux enfants : ils semblent faire front, serrés l'un contre l'autre. Le
cadre n'a pas changé : ils se détachent sur un fond de vacances. Mais leur royaume est menacé : un pan de la robe de
la femme vient, symboliquement, voleter sur la plage. Les
jeunes gens sont figés : l'adolescent tient la jeune fille enlacée ; il la protège, ses bras la rassurent. Ses doigts emprisonnent ceux de sa compagne pour calmer leur crispation
d'angoisse. Elle paraît effrayée au passage de la dame en
blanc ; son regard trahit l'inquiétude. Celui du garçon se rive
sur la passante avec une fixité qui ne révèle pas la frayeur,
mais l'intérêt très vif qu'il lui porte. Il ne semble rien craindre
pour lui-même. Peut-être ne voit-il pas le danger que sa
jeune compagne, plus intuitive, a déjà senti…

• Deux univers antagoniques

La composition de l'image semble mettre l'accent sur l'opposition de deux lieux : l'espace ouvert, illimité à l'horizon,
derrière les enfants ; l'espace clos, limité derrière la jeune
femme. On pense, à voir le drapé qui ferme le cadre à
gauche, à de lourds rideaux. À droite, la vaste étendue, sym-

Activités

1. *Analysez la construction de l'espace évoqué dans l'affiche : lignes, lumières, contrastes, symboles…*

2. *Faites des hypothèses sur le rôle de la « dame en blanc » en vous appuyant sur l'étude précise du document ci-contre.*

bole de liberté ; à gauche le resserrement, la réclusion peut-être. Autant l'arrière-plan des enfants semble baigné par la lumière du soleil, par l'éclatant reflet des vagues, autant l'arrière-plan de la jeune femme semble suggérer la pénombre, l'obscurité. À droite, l'aveuglante clarté de la vérité des choses au grand jour, à gauche l'inquiétant mystère des actions que voile la nuit. Opposition du monde extérieur qui représente les vacances, la liberté d'aller et venir, la solitude seulement partagée avec l'être cher, et du monde de l'intérieur des maisons, avec ses entraves et pourquoi pas ses pièges.

La ligne qui joindrait les milieux des deux largeurs délimite deux zones où ne se trouve plus qu'un personnage féminin. La zone de droite devient alors le domaine de la jeune adolescente et la zone de gauche celui de la passante en blanc. L'adolescent lui, appartient aux deux univers : si son corps dans son ensemble se trouve à droite, son bras droit est entièrement passé de l'autre coté de la médiane, et mieux, son mollet droit semble, par le jeu de la superposition, entrer en contact avec la roble blanche. Des hypothèses surgissent. On peut voir cet adolescent pris entre deux femmes, amorçant peut-être un mouvement qui va le faire passer entièrement « dans la zone de gauche », abandonner les bras de sa jeune amie pour ceux de la belle inconnue en blanc ; ou mettre fin à une idylle de vacances pour obéir aux ordres d'une mère abusive.

• Le destin qui passe

Si les deux adolescents ne la quittent pas des yeux, la jeune femme ne leur accorde pas le moindre regard. Elle semble passer, indifférente aux sentiments qu'elle peut inspirer. Elle va son chemin, dont rien ne la détourne. Elle est en mouvement. Alors que le groupe des adolescents est parfaitement statique, la jeune femme semble se mouvoir ; son image fixe prend le mouvement de la vie : par « des effets de réel », nous la croyons animée.

Plusieurs indices sont repérables : le geste de la main gauche sur la gorge dénudée, celui de la main droite qui tire en arrière, en la pinçant, la robe blanche ; nous devinons par les plis du tissu et ses ondulations, le balancement des hanches et le rythme des pas.

La dame en blanc se déplace et le drame se noue. Notons la collision entre le message linguistique et le message iconique : le pied droit de la belle dame foule les lettres du mot « blé » qui semblent écartées sous le choc. Peut-on interpréter le symbole ? La « dame en blanc » doit-elle détruire le *blé en herbe* ? Représente-t-elle les premiers orages qui couchent l'herbe, mettant en péril la moisson.

❏ Un titre ambigu

Le côté paradoxal du titre choisi par Colette vient de ce qu'il fait surgir dans notre esprit des images porteuses de 𝔸1 sens apparemment contradictoires et qu'il les associe intimement pour finir.

Le blé impose le symbole de richesses, d'opulence, de nourriture abondante, de greniers à jamais remplis qui donnent la puissance. L'herbe, au contraire, impose le symbole d'humilité, de médiocres ordinaires, de faims à peine rassasiées. Mais qu'on les associe l'un à l'autre et aussitôt se fait jour l'idée d'un devenir brillant, la promesse d'épis gorgés de grains… pourvu que la grêle ne les hache. Fragilité d'un trésor en devenir que la moindre intempérie peut réduire à néant.

Les mots « blé en herbe » évoquent le bouillonnement 𝔸2 d'énergie qui parcourt la terre au moment où la Nature s'éveille. Le cycle de la vie est en mouvement.

Activités

1. Quelles sont les connotations que vous attachez au mot « herbe » ? Au mot « blé » ? À l'expression « blé en herbe » ?

2. Quelle période de la vie vous semble être celle du « blé en herbe » ? Développez vos arguments en quinze-vingt lignes.

Prolongements

♦ « J'ai fini, – que je crois, – " Le Seuil " . Non sans tourments ! »
(Lettres à Marguerite Moreno, *Flammarion*)

A

Dans cette lettre datée de Mai 1923, Colette mentionne le titre que porte encore son roman qui deviendra au tout dernier moment Le Blé en herbe.

– Quels sens donnez-vous au terme « Seuil » ?

– Ce titre apporte-t-il quelque chose de plus à vos attentes de lecture ?

– Quel titre vous semble convenir le mieux à la période de vie décrite ?

Activités

1. Vous allez maintenant lire le roman.

Lorsque Colette le fit paraître sous forme de feuilleton dans le quotidien « le Matin » du 29 juillet 1922 au 31 mars 1923, chaque chapitre portait un titre. Seuls les chapitres 16 et 17 qui ne parurent pas n'en ont jamais eu.

Voilà la liste, dans le désordre de ces quinze titres. Au cours de votre lecture, tâchez de rendre à chaque chapitre le titre qui était le sien :

L'ANTRE ; LES CHARDONS ; LA COMPARAISON ; LA CREVETTE ; DAPHNIS ; DRAMES ; EN ATTENDANT ; FAIBLESSE ; NOCTURNE ; LES OMBRES ; PARDON ; LA QUÉMANDEUSE ; SÉRÉNITÉ ; LA SOUMISSION ; VINCA.

Trouvez un titre pour chacun des deux derniers chapitres et justifiez-le par écrit en faisant état des éléments qui ont décidé de votre choix.

2. Vous venez de terminer la lecture du Blé en herbe.

Répondez aux questions suivantes et faites les courts exercices qui les accompagnent :

L'ACTION	– Quelle est la situation initiale ? – Établissez brièvement la succession des péripéties. – Quel est le dénouement ? – Résumez en quelques lignes deux moments dramatiques.
LES PERSONNAGES	– Combien sont-ils ? Qui sont-ils ? – Quel est leur rôle dans l'intrigue ? – Indiquez brièvement leurs relations avec les autres personnages de l'œuvre. – Y a-t-il une évolution chez eux ?
LES THÈMES	– Dégagez le thème principal et justifiez votre choix. – Relevez les thèmes secondaires.
LE CADRE	– Où se passe l'action ? – Quand se passe l'action ? Quelle est sa durée ?
LES RÉSEAUX LEXICAUX	– Recensez les champs lexicaux dominants. – Relevez quelques images, quelques métaphores.
PRISES DE POSITIONS PERSONNELLES	– Y-a-t-il un passage que vous jugez important ? Lequel ? Expliquez pourquoi en quelques lignes. – Cette œuvre vous apprend-t-elle quelque chose sur la société qui l'a vu naître ? Cette société, ses valeurs, diffèrent-elles de celles que vous connaissez ?

Prolongements

1. « Roman de Gabrielle Colette (1873-1954). Deux jeunes gens, Phil et Vinca, ont grandi l'un près de l'autre, bons et tendres camarades de jeux et de vacances, jusqu'au jour où ils s'éveillent à leur vie d'homme et de femme. C'est d'abord le garçon qui abandonne le paradis de l'enfance, sous la séduction d'une aventurière qui parvient sans peine à faire de lui son amant. Que fera Vinca ? Bien qu'elle ne sache rien, elle a déjà tout deviné, avec son sûr instinct de femme : à tout prix, il lui faut garder Phil auprès d'elle. Elle épie le garçon, le suit, l'attend ; et lorsque ce dernier, tourmenté par un obscur remords, tentera de se suicider, la petite Vinca, dans un élan déjà maternel, se donne à lui pour le retenir et le sauver. Colette a bien précisé les intentions de son roman : il s'agissait de rappeler que la passion n'a pas d'âge, et que la petite jeune fille de quinze ans est déjà une femme, avec toutes les souffrances et l'énergie de la maturité. En face de l'homme raisonnable, égoïste et assez pesant, s'élève ainsi dans *Le Blé en herbe* un hymne à la femme, à sa sensibilité délicate et à sa générosité. »

> Dictionnaire des œuvres, *Laffont-Bompiani,*
> *Coll. Bouquins, Éd. Robert Laffont, 1952.*

Êtes-vous d'accord avec cette relation de l'œuvre ? Exprimez votre avis en une vingtaine de lignes.

2. On a pu rapprocher le titre du roman de l'expression française : « Manger son blé en herbe. »

Après un contrôle dans vos dictionnaires, dites si ce rapprochement vous paraît judicieux.

Repères

L'IMAGE ET SES SENS

Toute image est porteuse de sens. Le lecteur qui la regarde lui donne un sens en s'appuyant sur les éléments qu'il trouve dans l'image elle-même, mais aussi en faisant appel à son expérience, aux codes de la société qui est la sienne...

L'image peut donc être lue différemment par plusieurs lecteurs. Elle peut avoir plusieurs sens : on parle de la POLYSÉMIE DE L'IMAGE. Deux types d'images polysémiques :

– celles qui ont plusieurs sens, dans leur construction même,
– celles qui autorisent chez les lecteurs des interprétations différentes.

• **Intervention du vécu du lecteur :** chacun de nous lit une image en fonction de ses propres références, liées à sa culture, à son expérience, à ses intérêts. Ainsi, nous ne pourrons penser à faire une comparaison avec une œuvre de Botticelli si nous ignorons tout de ce peintre.

• **Intervention des codes de la société :** les objets, les gestes sont compris par le lecteur en fonction des codes historiques, sociaux, et culturels de sa communauté. Des lecteurs de communautés différentes peuvent avoir d'une image une lecture différente. Comment par exemple serait interprété le rire éclatant d'une jeune mariée, de blanc vêtue, par un lecteur pour qui le blanc est couleur de deuil ?

• **Intervention d'une autre image :** au lieu de s'en tenir aux éléments de l'image qu'il observe, le lecteur ajoute des détails d'une autre image, créant ainsi une séquence narrative. Une image s'éclaire par la lumière de l'autre. C'est ce que nous avons fait en passant d'une couverture à une autre, puis à une affiche.

• **Intervention d'une légende qui accompagne l'image :** cette légende oriente vers un sens la lecture de l'image, au détriment d'autres interprétations. Le titre « la naissance de Vénus » réduit la polysémie de l'image.

• **Intervention d'un texte :** la quatrième de couverture de « J'ai lu » oriente la lecture de l'image en couverture. Mais un texte indépendant de l'image peut agir sur l'interprétation donnée à l'image. Ainsi, les éditeurs de la traduction anglaise ont choisi un tableau de B.F. Walker qui n'avait jamais été peint pour illustrer *Le Blé en herbe*.

COLETTE

Ripening Seed

Nous remercions ici The Board of Trustees of the National Museums and Galleries on Merseyside Walker Art Gallery, Liverpool de nous avoir permis la reproduction du tableau de B.F. WALKER.

♦ *À l'aide de « L'image et ses sens » (voir Repères p. 24) et en vous inspirant le plus largement possible de ce qui a été fait au cours du premier chapitre, commentez cette couverture de l'édition anglaise, parue aux éditions Penguin Books, du Blé en herbe.*

Confrontez vos interprétations.

II. DES « OMBRES » À LA DAME EN BLANC : LE TABLEAU DES PERSONNAGES

Chaque romancier crée un univers, dont les structures et les règles s'inspirent de celles du réel. Comme dans la vie, le personnage de roman n'est pas isolé : il se trouve pris dans un réseau de fils tissés par l'environnement social, par les relations familiales. Étudier son rapport avec le monde qui l'entoure, c'est appréhender les lois et le sens de l'univers de la fiction créée.

Dans *Le Blé en herbe*, il est facile de repérer deux groupes de personnages – les familles Audebert et Ferret d'abord, les deux adolescents Phil et Vinca ensuite – et seule enfin Mme Dalleray.

❏ Les « Ombres familiales » *(p. 68)*

« Un monsieur qui vient déjeuner ! Papa a dit qu'on s'habille ! ». L'information surgit au bas de la page 10 seulement ; la réponse de Vinca nous apprend que les deux enfants ne sont pas seuls en vacances ; elle donne soudain des parents à Phil et Vinca, personnages que notre étude des couvertures ou de l'affiche ne nous avait pas permis de faire apparaître.

A

Activités

1. Aucun illustrateur des couvertures ou de l'affiche n'a jugé bon de présenter l'arrière-plan familial ? Pour quelles raisons ?

2. Relevez les situations qui vous paraissent symboliser les relations entre les enfants et les parents du roman. Quel rôle jouent ces derniers dans l'action ?

Voilà donc, brusquement convoqués par le narrateur « la mère de Vinca, le père de Vinca [...], Phil et ses parents, le Parisien ... » (p. 12).

Aucun nom propre, aucun prénom. Les adultes n'ont d'existence que parce qu'ils sont la mère de Vinca ou les parents de Phil. Ils ne semblent pas avoir de vie personnelle ; sur l'écran de ce théâtre d'ombres, ils ne s'animent qu'au gré des mouvements de Vinca.

• Des « Ombres vaines » *(p. 41)*

On constate l'absence de vrai dialogue entre ces adultes. Le Parisien ne prend la parole que pour parler de Vinca ou s'adresser à elle. Le narrateur ne lui prête que des banalités, ces fadaises qu'un adulte se croit trop souvent obligé d'infliger à un adolescent :

> – Comme tu changes, petite Vinca ! (p. 12)

> Il la traita de « tanagra » [...], lui demanda les noms des amoureux qu'elle désolait au casino de Cancale... (p. 13)

Le pédantisme ne pallie guère la platitude. Cette banalité des propos est accentuée par un artifice de la romancière. Lorsque la conversation devient générale, elle évite de préciser qui parle : n'importe lequel des acteurs adultes du chapitre 7 pourrait prononcer n'importe laquelle des phrases. Le lecteur est contraint à une déduction pour identifier le locuteur.

La polysémie de l'énonciation fait ressortir davantage les clichés les plus contestables : « L'inaptitude des femmes à

Activités ──────────────────────────────

1. Rendez chacune des phrases des pages 36 - 37 - 38 à celui ou celle qui la prononce.

2. Relevez quelques exemples de la banalité des propos prêtés par le narrateur aux adultes de son récit.

certaines connaissances est bien curieuse » (p. 36). Elle met l'accent sur l'affectation par l'emploi de mots rares, par exemple « syzygie » (p. 36).

Dans la conversation rapportée par le narrateur, la part réduite des interventions de Vinca ou de Phil devient significative : « Oui, monsieur Ferret », « Non, monsieur Audebert » (p. 37) ; « Rien, monsieur Audebert », « Une turbine, monsieur Ferret » (p. 38).

Sur plus de quatre-vingts lignes que dure la conversation du chapitre 7, les enfants n'ont que deux lignes chacun… pour ne rien dire.

Ils n'ont rien à exprimer, leurs conversations authentiques se déroulent ailleurs. Que les ombres interviennent sans avoir été sollicitées par les enfants, aussitôt surgissent surprise et dédain : « Les deux jeunes gens tournèrent vers la voix un air d'étonnement un peu hautain » (p. 39).

« J'ai mis des pattes à ma turbine pour qu'elle marche mieux » (p. 39). Le jeu de mot est si plat qu'il ne peut prouver qu'une chose : la volonté délibérée, et un peu méprisante, des enfants de se mettre au niveau de leurs falots interlocuteurs, ces « Ombres vaines » (p. 39)

• **Des « Ombres pâles » la grisaille des adultes**

> Il chercha sur le front gris de son père la trace d'une lumière, au moins d'une brûlure.

Il faut attendre la page 41 pour avoir la première indication sur le physique des ombres, à laquelle répond, cinquante pages plus loin, en écho, une description identique :

Activités _____

1. Que vous apprend cet adjectif « hautain » des relations de Phil et de Vinca avec leurs parents ? Comment l'entendez-vous ?

2. Relevez et expliquez à la page 40 l'expression qui précise ces rapports.

> Philippe vit paraître au ras du pré, et monter lentement, une tête grisonnante […] [il] attendit, muet, paisible, le passage de son père. (p. 91)

Pour évoquer la famille, le gris terne domine ; ainsi on le retrouvera dans la description des yeux de Monsieur Audebert par deux fois (« Les yeux gris, saillants de son père » p. 92 et 94). Les « parents-fantômes » (p. 32) semblent relégués dans un brumeux lointain qui leur donne « une apparence humaine agréable, un peu cotonneuse, à contours flous » (p. 91).

D'autres associations renforcent cette dominante.

Ainsi, face au triomphe un peu arrogant de la jeunesse, de sa force et de ses tumultes, l'âge adulte apparaît maladroit et faible, dépourvu d'énergie :

> Philippe lui prêta son bras pour franchir la pente effritée, en lui témoignant cette froide prévenance pitoyable, qui tombe de haut de l'enfant sur le père […]. (p. 92)

> Elle parla d'une voix douce, puis rejeta loin d'elle et de Philippe les pâles Ombres, à peine présentes, du cercle de famille. (p. 39)

• Des « Ombres dédaignées » ou un fossé qui s'agrandit *(p. 63)*

« Nos enfants se fichent pas mal de nous, Ferret ! » (p. 38). Monsieur Audebert n'est pas loin de la vérité sans le vouloir. À l'évidence le groupe des adultes n'entre jamais dans le monde des deux adolescents :

> Vinca et Philippe sourirent avec politesse, et bannirent encore une fois de leur présence les êtres vagues qui jouaient aux cartes ou brodaient auprès d'eux. (p. 40)

> Ils goûtèrent une solitude parfaite, entre des parents qu'ils frôlaient à toute heure et ne voyaient presque pas. (p. 32)

Aucune réelle communication n'existe ; aucune conversation sérieuse ne réunit les enfants et leurs parents. Le long monologue de Monsieur Audebert à la page 93 pourrait passer pour un essai de rapprochement, mais il tourne court avec Ⓐ l'évanouissement de Philippe.

Les moments de réunion familiale scandent, par le contrepoint de leur banalité, la crise qui agite les enfants. Ils vont de l'insignifiance d'un repas de vacances à l'expression de l'incompréhension mutuelle. Les enfants et la famille restent sourds les uns aux autres jusqu'au malaise et à l'effondrement : « J'ai mal. Ici, à la hauteur de l'estomac » (p. 95).

Ignorées par leur enfant, les Ombres semblent ne pas les connaître :

> Mais il regarda […] le visage de Vinca, ce visage de femme qu'elle ne montrait qu'à lui, et qu'elle cachait à tous derrière ses quinze ans de jeune fille raisonnable et gaie. (p. 26)

> Il n'y a que les parents, pour ne rien savoir… (p. 100)

Le cri brutal de Vinca confirme la cécité parentale soigneusement entretenue par « la virtuosité dissimulatrice » des enfants et atteste du profond fossé qui se creuse chaque jour davantage entre Phil et Vinca et « les ombres dédaignées par les deux adolescents » (p. 63).

• Des « Ombres amies » ou un monde de sécurité *(p. 115)*

Faut-il pour autant se contenter du regard que Phil ou Vinca jettent sur leurs parents ? Ce serait se satisfaire d'une vision négative. On peut les étudier sous un éclairage plus positif.

Activités

1. Relevez toutes les méprises, les mots à double sens dans les conversations entre les adolescents et leurs parents. Quelles sont vos déductions ?

2. « Ombres dédaignées » (p. 63) ou « Ombres amies » (p.115) ? Recensez les épisodes qui justifient cette perception opposée de la famille par les deux adolescents. Laquelle vous paraît dominante dans le roman ?

Dans un temps – celui des vacances – pendant lequel pour leurs enfants tout bascule, tout change, les adultes représentent, même dans leurs travers, la durée, la solidité. « La villa, louée tous les ans, par les deux familles amies » et que l'on se propose d'acheter ancre les Ombres dans la continuité. Le dialogue souligne avec insistance la liaison que la propriété de vacances établit entre les différents temps de la vie humaine :

> – Tu sais qu'on se décide, nous deux Ferret. On l'achète
> […] élargir la villa par deux ailes […] Nous ferons ça, Ferret et moi. Ou peut-être que ce sera toi, d'accord avec la petite Ferret… (p. 93)

Les deux familles viennent depuis quinze ans et l'on est sûr, à les entendre, que dans quinze nouvelles années ils seront encore là pour « sur le Grouin voir se lever la lune d'août sur la mer » (p. 38), pour jouir « du pays, de la maison » (p. 92).

Ils représentent la sécurité, le havre protégé, le secours qui viendra dès qu'on le réclamera. Un passage ne laisse pas de doute sur le climat qui entoure la villa et les deux familles réunies :

> Les voix des Ombres **amies** le suivirent jusqu'à la porte,
> en guirlande **tutélaire** […] Puis la porte se referma, la **propice** guirlande se rompit net, et il se trouva seul. (p. 115)

❑ Lisette ou « le vert paradis »

Lisette apparaît dans le roman en même temps que les Ombres, mais il ne faudrait pas pour autant la mettre sur le même plan. Par son ambivalence, le personnage se révèle bien plus important.

Activités

• *Vérifiez dans vos dictionnaires le sens exact des adjectifs soulignés par nous. Qu'apportent-ils au portrait des parents ?*

- **« Nous avons un enfant »** *(p. 36)*

C'est la sœur de Vinca. Le narrateur souligne à maintes reprises leur ressemblance frappante : mêmes yeux bleus, mêmes cheveux blonds et raides (p. 11). Si la différence d'âge n'était pas si grande, on pourrait les dire jumelles.

> Lisette ressemblait d'ailleurs à la Pervenche comme un petit champignon ressemble à un champignon plus grand (p. 33)

La ressemblance est accentuée jusque dans leurs vêtements, à la mer comme à la ville elles sont vêtues de la même manière :

> Deux robes blanches pareilles habillaient la grande et la petite [...] (p. 12)

> Une robe pour aller au cours, un manteau, un chapeau pour moi, et la même chose pour Lisette... (p. 14)

Lisette apparaît ainsi comme le double de Vinca : « Si je mourais, […] tu auras toujours Lisette » (p. 33).

Mais on peut aussi la considérer comme la fille de Vinca, tant les soins et l'attention de la sœur aînée ressemblent à ceux d'une mère :

> Vinca, […] cousait des petites robes pour Lisette […]. (p. 32)

> Que bientôt […] je devrai diriger l'éducation de Lisette. (p. 19)

> Elle détachait pour Lisette l'arête des sardines. (p. 35)

L'ambiguïté du personnage apparaît avec le nouveau rôle que l'on peut faire jouer à Lisette : elle est aussi la fille du couple Phil-Vinca :

> « Un enfant… C'est juste, nous avons un enfant… » (p. 36)

Elle devient alors le symbole de l'union de Phil et de Vinca. Mais n'est-ce pas là un jeu auquel se livrent les adolescents ? On est tenté de répondre par l'affirmative en lisant cette phrase :

> Par le plus beau matin d'août, Phil et Vinca décidèrent […] *d'emporter* [...] leur déjeuner, leurs maillots de bain, *et Lisette*. (p. 33)

Lisette n'apparaît-elle pas là comme le jouet animé de Phil et Vinca qui joueraient, alors, un jeu bien dangereux ?

• « Et emmenons Lisette » *(p. 124)*

Le personnage de Lisette prend toute son importance avec cette présentation :

> Sa jeune sœur Lisette échappait encore au sort commun et brillait de couleurs **nettes** et **véridiques**. (p. 33)

Lisette représente l'innocence de la jeunesse, la simplicité, la spontanéité de l'enfance que Phil et Vinca ont perdues. Elle vit sans arrière-pensées. En dépit de son jeune âge et de ses réactions d'enfant, elle est le symbole de la permanence de l'état de grâce édenique que chacun porte en soi.

Avec le symbole des jouets que Lisette, une enfant de huit ans, exhume quinze ans après qu'ils ont été enfouis et perdus (p. 117), on peut penser que la jeune sœur possède le pouvoir de ramener les deux adolescents très loin vers leurs jeunes années. Elle entrebâille pour eux les portes d'un Paradis retrouvé où ils peuvent regagner leur fraîcheur, leur gaieté insouciante d'antan.

❑ Vinca ou le bleu et le jaune

La sœur aînée de Lisette âgée de « quinze ans et demi » apparaît dès la première ligne du roman : « Tu vas à la pêche, Vinca ? »

Activités

1. Ne peut-on pressentir un autre rôle pour Lisette lorsque l'on comprend que les années précédentes Phil et Vinca partaient seuls ? (p. 33)

Pourquoi emmènent-ils l'enfant cette année ?

2. Comment comprenez-vous les deux adjectifs soulignés par nous ?

Pourquoi ne peuvent-ils s'appliquer qu'à Lisette ?

• La pervenche

Tout de suite, nous sommes surpris par le prénom, et sa reprise après sa signification « Pervenche » (du latin « per-vinca ») nous intrigue. Qui est-elle cette jeune fille « aux yeux couleur de pluie » ? Couleur étrange, mais qui sous la plume de Colette ne surprend pas ses lecteurs attentifs : « Matins de pluie, plus bleus que beau temps » écrit-elle dans « Paysages ». Vinca, la Pervenche, doit ainsi peut-être son nom à ses yeux bleus.

Ce n'est là que la première touche d'une couleur qui va do-miner tout le roman. Rien que pour les yeux de Vinca l'ad-jectif apparaîtra au moins vingt fois. Dix fois le narrateur évoque ses « yeux bleus » ; deux fois Philippe est pris dans « le rayon bleu de son regard » (p. 35 et 100) ; deux fois il peut apprécier « ses yeux d'un bleu incomparable » (p. 16 et 64) ; une fois elle le blesse du « bleu rare de ses yeux » (p. 34).

Ce personnage, bleu dans ses yeux, bleu dans son prénom est aussi revêtue de bleu : « foulard bleu » (p. 10), « rubans bleus » (p. 15), « sweater bleu » (p. 33), « robe de crépon bleu » (p. 67), « kimono bleu » (p. 117).

• Bleu, jaune et rouge

Le bleu n'est pas la seule couleur de Vinca. Une autre tache éclate dans le portrait qu'en dresse le narrateur. C'est le

Activités

1. *Retrouvez d'autres citations sur les yeux bleus de Vinca et sur le bleu de ses vêtements.*

2. *Faites un relevé précis des apparitions dans le roman de la couleur bleue et de ses métaphores. Comment expliquez-vous la domination de cette couleur dans l'œuvre ?*

3. *Relevez les métaphores liées à la chevelure de Vinca. Pouvez-vous les mettre en relation avec le titre du roman ?*

jaune d'or de ses cheveux, dont les occurrences ponctuent le roman :

> Ses cheveux courts s'éparpillent en paille raide et bien dorée. (p. 5)
>
> [...] ses raides cheveux blonds. (p. 10)
>
> Sous des cheveux blonds en chaume raide. (p. 11)
>
> Elle les divisait [...] deux courts balais couleur de blé. (p. 15)
>
> [...] les yeux éclatants [...] que Vinca [...] sous le chaume soyeux, coupé en frange épaisse. (p. 114)

Et sous les couleurs, les symboles apparaissent. Le bleu, le jaune, « ces deux couleurs diamétralement opposées [1]», vont nous amener plus loin dans l'étude de Vinca.

Le bleu nous plonge progressivement dans le rêve ; couleur typiquement céleste, il développe l'impression de calme : « la pensée consciente y laisse peu à peu la place à l'inconscience, de même que la lumière du jour y devient insensiblement lumière de nuit, bleu de nuit[2] ».

Le jaune est la plus chaude, la plus expansive des couleurs : « il est le véhicule de la jeunesse, de la force » (idem).

Activités

1. *Ces deux citations extraites du* Dictionnaire des Symboles *vous aident-elles à mieux interpréter la couverture des éditions « J'ai lu » ? Dites pourquoi.*

2. *Relevez dans le roman d'autres exemples précis illustrant cette approche du personnage (chapitre 1 particulièrement).*

   Relevez d'autres phrases qui regroupent quelques-unes ou toutes les couleurs qui parent la jeune fille (chapitre 6 et chapitre 12). Quelle idée de Vinca vous donnent-elles ?

----

1. KANDISKI, *Du spirituel dans l'art*, n° 72, Folio-Essais.

2. *Dictionnaire des symboles*, coll. Bouquins.

Nous tenons là une des clés du personnage : la dualité d'une adolescente qui cherche sa voie tandis que la nature peu à peu la façonne pour la transformer en femme.

Petite fille, elle est dominée par le bleu : « Mais elle sourit mélancoliquement, d'un sourire errant qui s'adressait à la mer calme, au ciel où le vent haut dessinait des fougères de nuages » (p. 16). Femme passionnée, elle est sous l'emprise du jaune : « Elle le frappa soudain au visage d'un poing si imprévu et si garçonnier » (p. 103).

Un trait lumineux encore et c'est « la double courbe de ses dents » qui brille ; une dernière touche et c'est « le rouge de sa bouche » qui nous la fournit (p. 102). Une phrase en effet nous livre Vinca toute entière :

> La bouche pourpre se fendit sur une lame de dents blanches, les prunelles, bleues comme la fleur dont elle portait le nom, se voilèrent de cils blonds, et Phil lui-même fut ébloui. (p. 12)

• Un « garçon manqué » ?

La dualité du personnage ne s'arrête pas à l'alliance des couleurs contrastées. L'aspect « garçon manqué » ajoute à la complexité de l'adolescente :

> Elle courait, [...] grande et garçonnière. (p. 11)

> Vinca, armée d'un galet, visa un petit récif cornu, l'atteignit à cinquante mètres, et Philippe s'émerveilla [...] oubliant qu'il avait formé lui-même sa petite amie à ces jeux garçonniers. (p. 64)

Activités

1. Relevez des exemples de l'aspect « garçon manqué » de Vinca. Expliquez pourquoi ils se trouvent presque tous dans la première moitié du livre.

2. Relevez toutes les descriptions que le personnage de Phil donne de Vinca et utilisez-les pour compléter le portrait de la jeune fille.

3. Étudiez le portrait de Vinca (p. 63 - 65). Comment le narrateur souligne-t-il l'ambivalence du personnage, faible et fort, aérien et solide ?

4. « À peu près amoureux ? On peut donc n'être qu'à peu près amoureux ? » (p. 18). En quoi cette interrogation de Vinca éclaire-t-elle la nature de ce personnage ?

Le portrait que brosse le narrateur associe à ces jeux d'autres éléments récurrents : un « rire éclatant » (p. 16), « elle riait, montrant le cercle solide de ses dents » (p. 13) ; et des chants, « Vinca battait joyeusement des jambes […] le flot faible […] en chantant » (p. 64). Ces chansons expriment la joie de vivre d'une adolescente sur laquelle ne pèse aucune faute : « Elle se mit à chanter une chanson qu'elle chantait tous les jours […] " Elle chante… Il faut bien que j'en croie mes yeux et mes oreilles, elle chante [...] " » (p. 125).

Mais les activités ludiques et sportives campent aussi la silhouette d'un être « solide », qui sait affronter la vie : « En même temps, il contemplait la force évidente d'un corps [...], les durs genoux ciselés finement, les longs muscles des cuisses et les reins fiers. " Comme elle est solide ! " pensa-t-il, avec une sorte de crainte » (p 64). Cette exclamation que prête à Phil le narrateur éclaire autant le personnage de Vinca que celui du jeune homme.

❏ Philippe ou le beau et le brun

Nous pourrions à peine remplir la carte d'identité de cet adolescent de seize ans et demi, tant les détails physiques manquent.

Colette nous a décrit Vinca par le regard de Phil. Elle va encore se servir du même procédé, et Phil sera décrit par le regard des autres.

Activités

* L'édition du Matin du 29 juillet 1922 précise : « Il a seize ans depuis que Vinca en a quinze ». Dans le roman édité, la romancière corrige (p. 6) : « Il compte seize ans et demi, puisque Vinca atteint ses quinze ans et demi ».

Pourquoi Colette a-t-elle vieilli ses héros ?

De quel jour nouveau la conjonction « puisque » éclaire-t-elle les relations entre les deux adolescents ?

• Un portrait impressionniste

Par une technique qui rappelle celle des peintres impressionnistes, nous avons le portrait de Philippe, brossé à petites touches par Vinca souvent, par Mme Dalleray quelquefois. D'un personnage à l'autre, du début du roman à la fin, les mêmes traits de beauté physique sont rappelés par le narrateur :

> Vinca cessa de coudre, pour admirer son compagnon harmonieux que l'adolescence ne déformait pas. (p. 16)

> […] rien en elle ne révélait que ce jeune homme assis non loin d'elle, beau et brun comme elle, lui fût autre chose qu'un jeune frère. (p. 73)

Ses yeux sont « trop doux » (p. 109) ; « Il plongea dans les yeux bleus son plus doux regard noir » (p. 7).

> Il ne bougea pas, cachant le plaisir qu'il ressentait lorsque son amie l'admirait. Il se savait beau à cette minute, les joues chaudes, la bouche lustrée, le front couché dans un désordre harmonieux de cheveux noirs. (p. 35)

• Un personnage tiraillé

À l'étudier de plus près certains traits de son caractère ne sont pas toujours aussi plaisants.

Les expressions « visage offensé de dieu latin » (p. 53) et « humeur méchante de petit dieu faché » (p. 73), nous laissent entendre que ce « joli garçon aux seize ans dominateurs » (p. 10) n'apprécie pas toujours les manquements à la vénération qu'il croit lui être due. Dédaigneux parfois (p. 19), déplaisant souvent (p. 11 et 17) il se conduit fréquemment « en propriétaire précoce » (p. 10) considérant Vinca comme son bien :

> « Ce n'est peut-être pas que je l'aime tant que ça, mais elle est à moi ! Voilà ! » (p. 27)

Pourtant, les « Vinca ! viens ! » ; les « viens, voyons ! » abondent dans sa bouche, avec les « Attends-moi, Vinca ! ». Le narrateur construit un personnage tout en brusques

contradictions : si en présence de Vinca, il semble la ru-
doyer, dès qu'elle n'est plus là, il apparaît désemparé :

> Il courut, quêtant Vinca, comme il eût cherché, en dé-
> passant l'ombre d'un mur, une terrasse lumineuse. (p. 78)

Il balance sans cesse d'un sentiment à son contraire. Le
narrateur met parfois en scène les deux personnages qui
composent un être éclaté :

A2

> « J'aurais dû emmener Vinca, ricana-t-il. Quelle mu-
> sique ! »
>
> Mais un autre Philippe, en lui, le Philippe épris de Vinca
> […] répliqua au méchant Philippe : « Tu l'aurais portée sur
> ton dos […] si elle s'était plainte... »
>
> « Ce n'est pas sûr » protesta le méchant Philippe... Et le
> Philippe amoureux n'osa pas, cette fois, discuter... (p. 42)

Aussi oscille t-il souvent entre deux attitudes à prendre,
n'osant trancher.

Attiré par deux femmes, il laisse passivement le choix en
d'autres mains. Il trouve une solution trop aisée dans la fuite,
la défaillance physique ou la tentative de suicide : « Ce serait peut-être plus simple, pourtant » (p. 107).

C'est là la différence fondamentale entre Vinca et Philippe, que la jeune fille exprime férocement :

> – Je ne me pâme pas. C'est bon pour toi, le flacon de
> sels, l'eau de Cologne et tout le tremblement ! (p. 101)

Activités

1. Étudiez plus particulièrement la fin du chapitre 2 (p. 12, 13, 14).

Relevez les changements de sentiments de Phil. Expliquez-les.

Trouvez d'autres exemples de cette versatilité. L'auteur propose -t-il une explication à ces sentiments contradictoires ?

Pouvez-vous expliquer cette conduite ? Excusez-vous le garçon ou le critiquez-vous ?

2. Recensez les moments de faiblesse auxquels le romancier soumet son personnage masculin. Comment interprétez-vous la récurrence de ces annotations sur la faiblesse du personnage ?

> « Je ne sens plus mes bras, songea-t-il. Je crois que je
> vais me trouver mal… » (p. 23)

On peut comprendre son émotion paralysante d'adolescent face à une femme ; mais on sent vite que ses étourdissements répétés ne sont qu'une façon d'éluder les problèmes :

> […] un évanouissement qui l'eût délivré de penser, de
> choisir et d'obéir. (p. 44)

• « Commediante ! Tragediante ! »

À plusieurs reprises nous voyons Philippe au bord des larmes ou en pleurs. Une fois encore, nous pouvons comprendre son envie de pleurer d'angoisse lorsqu'il se trouve plongé dans la brutale obscurité du salon de Camille (p. 44) ; mais on comprend moins bien les sanglots qui l'assaillent si on ne les considère pas comme des échappatoires :

– à la nécessité de s'expliquer avec Vinca (p. 67) ;

– à la rude réalité du départ de Camille, crise de larmes qui finit en caprice de petit garçon (p. 90) ;

– à l'évidente vérité qu'il vient de trahir Vinca.

> [Il] pleura brusquement, et se fit honte de ses larmes,
> jusqu'au moment où il prit conscience qu'il pleurait avec
> plaisir. (p. 58)

Le côté comédien de Philippe « né pour la tromperie » (p. 6) apparaît ; il verse des larmes, il joue un rôle, se croit sur la scène :

> Égaré […] il se leva plein […] de la surprise d'avoir,
> pendant qu'il causait avec Vinca, cessé de souffrir…
> – Vinca !
> – Qu'est-ce que tu as ?
> – Je crois que j'ai mal… (p. 106-107)

Tout cela ne trompe pas la clairvoyance de Vinca qui l'a jugé :

Elle devina qu'il se servait à présent de la plainte, de l'inertie, pour échapper aux reproches et aux questions. (p. 108)

Cette tendance à la comédie laisse planer un doute sur l'authenticité des souffrances de Phil. Lorsqu'il s'arrête, s'essuie le front, et gémit : « J'étouffe. Je ne suis pas bien, Vinca » (p. 70), on ne peut s'empêcher de penser que son malaise disparaîtra tout à l'heure lorsqu'en secret il ouvrira la porte pour s'enfuir vers Ker-Anna.

Plus grave encore : le côté théâtral de Philippe jette sur sa tentative de suicide une lumière désagréable. Veut-il vraiment mourir ? Et pour quelles raisons ? Le départ de Camille se situe le 23 septembre ; il sera à Paris le 25 et pourra la retrouver le 26 si elle y consent.

On repense à son cri de garçonnet capricieux : « C'est cette nuit-là que je voulais, justement ! » (p. 91). Ne serait-ce, donc, qu'un caprice ? Fallait-il aller si loin pour qu'il retrouve, enfin, sa position favorite couché à même la terre pour échapper aux responsabilités qu'affrontent ceux qui restent debout ?

Couché ! Caché ! Les exemples ne manquent pas ; à plus de dix reprises, le romancier choisit de le présenter ainsi au lecteur. Contentons-nous, ici, de mettre l'accent sur quelques-uns de ces moments où le narrateur utilise un procédé de cinéma – la contre-plongée – pour renforcer la position de dominé qui semble si bien convenir à Phil :

Activités

1. Trouvez deux autres exemples de la duplicité de Phil et commentez-les.

2. Que pensez-vous de chacune des tentatives de suicide des deux enfants. Comparez-les dans leurs motivations. Quelle est celle qui vous paraît la plus authentique ?

3. Décrivez la première apparition de Phil, page 6 ; puis décrivez la dernière, chapitre 17. Que constatez-vous ? Quelle a pu être l'intention de l'auteur ?

4. Trouvez d'autres situations où le personnage se trouve couché à même le sol, ou assis, ou agenouillé. Commentez-les.

Vinca, debout, [...] laissa tomber sur lui le rayon bleu de son regard. (p. 35)

Phil, en ouvrant les yeux, vit au-dessus de lui, inversé comme dans un miroir d'eau, un visage de femme, penché. (p. 43)

Cette position de dominé exprime la faiblesse de Phil mais aussi la touchante fragilité de ce garçon qui en dépit de ses seize ans reste encore un enfant. Phil est à la croisée de son destin ; ses atermoiements, ses dérobades peuvent se lire comme l'expression de sa crainte à choisir son chemin.

Prolongements

1. On a accusé Philippe de « lâcheté » ou de « sournoiserie ». Pouvez-vous vous faire son avocat et assurer sa défense face à ces accusations ?

2. Les deux adolescents Phil et Vinca vous ressemblent-ils ? Quels sont les points communs ? Les différences sont-elles fondamentales ? Présenteriez-vous Phil et Vinca comme des archétypes de l'adolescence ?

❑ Camille ou la blanche énigme

Présente, soit qu'on la voit agir, soit qu'on en parle ou qu'on l'évoque par la pensée, dans onze chapitres sur dix-sept, Mme Dalleray garde cependant tout son mystère.

• Un personnage énigmatique

Lorsqu'elle ne passe pas ses vacances dans les environs de Saint-Malo, elle vit à Paris dans un appartement. Elle est de condition aisée, elle possède une voiture et a, à son service deux domestiques : « Totote », la bonne et un chauffeur. Voilà tout ce que l'on connaît d'elle.

Les détails physiques n'abondent pas : elle est élégante, sait assortir ses escarpins à ses vêtements ; elle s'appuie sur une canne, non par besoin bien sûr, mais par distinction (p. 22). Elle a un front hardi (p. 51), et un menton un peu gras, une peau couleur d'ambre clair, des yeux sombres (p. 43), ourlés de sourcils persans (p. 75), qu'elle sait parfaitement maquiller (p. 50) et poudrer (p. 73). Ses cheveux, coiffés net (p. 73), sont noirs et toujours tirés, brillants (p. 44), lustrés (p. 73). Son âge ? La trentaine certainement (p. 75).

Peu de détails donc. Il faudra nous contenter de cette vision fugace, mais fulgurante : « l'arabesque noire de la grille couronnait, comme une branche de viorne, un visage féminin, tatoué sur la joue d'un signe de sang frais » (p. 52).

Et ce ne sont pas les indications qui insistent, ici encore, sur le coté androgyne de Mme Dalleray qui vont nous aider à abattre les barrières ambiguës qui semblent protéger le personnage.

Outre son « prénom insexué » (p. 74), Camille possède en effet bien des aspects masculins que le narrateur relève, comme pour souligner ici encore la dualité des apparences :

Mais elle le regardait dans les yeux, comme un homme. (p. 22)

Mme Dalleray sourit, de ce sourire viril qui lui donnait souvent l'air d'un beau garçon. (p. 73)

• La Dame en blanc, la Dame blanche ?

« Une dame tout de blanc vêtue » (p. 22), des « bras nus hors de sa robe blanche » (p. 43), « elle … encore une fois

Activités

1. Pouvez-vous expliquer la raison pour laquelle Colette donne si peu de détails sur Camille ?

2. Trouvez d'autres citations qui illustrent l'aspect andogyne du personnage de Camille (chapitres 8-9 par exemple). Quel sens donnez à cette insistance ?

vêtue de blanc » (p. 50), « enroulée dans une étoffe ample et blanche » (p. 73).

L'étrange silhouette sur la lande bretonne apparaît sans qu'on l'ait vu venir, précédée des clarines d'un troupeau de chèvres (p. 21) dans « un rose poussiéreux [qui] au ras de la mer [remplace] peu à peu le bleu immuable » (p. 21). Elle se dresse, au moment où l'on ferme les yeux, à contre-jour dans les flammes du ciel d'août (p. 41-42), par « un après-midi torride » (p. 48).

Le narrateur la nimbe d'un halo d'un brouillard qui paraît à son service. Quand elle ne se montre pas, on ne peut aller la voir que par « un doux temps breton qui [voile] de brume la terre et [mêle] à la mer un lait immatériel » (p. 49). Ses envoyés surgissent dans des « bouchons de brume », « prodiges d'un climat marin » (p. 87) :

> Il se tourna vers la terre [...] et tressaillit de trouver derrière lui, comme un esprit apporté et oublié par la brume, un petit garçon silencieux. (p. 88)

À leur gré, ses émissaires disparaissent tels des korrigans pour réapparaître plus haut, « tout en haut de la plus haute falaise » (p. 98), subitement changés en chèvre-pieds moqueurs :

> Il rouvrit les yeux, chercha le messager, qu'il ne trouva plus à sa place [...] (p. 88)
>
> À la place où le fatal petit garçon chantait tout à l'heure, une figure cornue de chèvre noire parut, et bêla. (p. 104)

Comme elle est venue, Camille disparaît, les nuées deviennent son ultime refuge :

> Il tendit son visage [...] son regard, vers *Ker-Anna* invisible : déjà un amas de nimbus [...] accablait ce sommet de colline déserté ; et Philippe accepta qu'une malice toute-puissante supprimât jusqu'au point du monde où il avait connu Camille Dalleray. (p. 91)

Activités

• « *Maléfique* » (p. 88) ; « *malice toute-puissante* » (p. 91) ; « *fatal* » (p. 104). Replacez ces mots dans leur contexte. Qui désignent-ils ? Quel lien tissez-vous entre eux ?

La « mise en scène » que fait le narrateur de ce personnage féminin l'apparente totalement à la fée d'un domaine mystérieux et magique. Les allusions au mythe de Tristan ou aux rites antiques des philtres magiques, pour être implicites, peuvent se lire en filigrane dans maints épisodes du roman. Ainsi, la mission de « la dame en blanc » achevée, son domaine magique, étrange sortilège, disparaît, comme « Tintagel le château enchanté qui deux fois l'an disparaît » nous dit-on dans Tristan et Iseut ; tout s'efface. De même :

> Depuis que Mme Dalleray lui avait offert un verre d'orangeade, Phil sentait sur ses lèvres et contre ses amygdales le choc, la brûlure de la boisson glacée. Il s'imaginait aussi qu'il n'avait bu de sa vie, ni ne boirait désormais une orangeade aussi amère. (p. 47)

> Le souvenir même du parfum qui fumait dans une coupe paralysait, un temps, son appétit, lui infligeait des aberrations nerveuses :

> – Tu ne trouves pas, Vinca, que les crevettes sentent le benjoin, aujourd'hui ? (p. 48)

• La « belle pirate » *(p. 81)*

Personnage de mystère, Camille semble sans cesse sur la défensive. Elle est habile à éluder les questions qui mettraient en péril son monde caché :

> – Et je voulais savoir seulement si vous seriez bien aise de me quitter. [...]

> – Et vous ? demanda-t-il avec gaucherie. [...]

> – Je ne suis pas en question. Il s'agit de Philippe Audebert et non de Camille Dalleray. (p. 74)

Activités

* *Faites l'étude du champs lexical du breuvage des pages 44 à 48. Montrez comment Colette peu à peu donne à une banale orangeade le rôle d'une puissante boisson magique. Qu'évoque pour vous le mot « philtre » ?*

Prolongements

◆ *Rapprocher l'épisode suivant de* Tristan et Iseut *du chapitre 8 du* Blé en herbe *:*

Un jour, ils jouaient aux échecs. Il faisait très chaud. Tristan eut soif et demanda du vin. Brangien courut en chercher, par mégarde prit le flacon où était le boire amoureux, le versa dans une coupe : il coulait comme du vin clair. En vérité c'était du vin, mais du vin mêlé d'autres choses. Brangien apporta la coupe ; Tristan l'offrit à Iseut ; Iseut but quelques gorgées et la tendit à Tristan, qui l'épuisa d'un trait.

Ainsi ils sont entrés dans la route que jamais ils ne quitteront, jour de leur vie. Ce boire leur a semblé bon et doux, mais jamais douceur si chèrement ne fut achetée. Leurs cœurs changent et virent. Car sitôt qu'ils ont bu, l'un regarde l'autre, tout étonné. Ils pensent à autre chose qu'ils faisaient devant. Tristan pense à Iseut, Iseut pense à Tristan : Tristan ne songe plus qu'à avoir l'amour d'Iseut, et Iseut ne pense plus qu'à avoir l'amour de Tristan. Leurs cœurs s'accordent à s'aimer toute la vie *.

* Tristan et Iseut, *Bibliothèque Mondiale, n° 100 p. 64-65.*

Son pouvoir sur les êtres paraît grand : « Sous cette main petite et puissante, il parla, contraint de verser son aveu, comme un fruit pressé répand son suc […] » (p. 75).

– Et je suis quelquefois un peu indiscrète…

« Comme l'éclair, oui, pensa Philippe. Le temps d'un zigzag de foudre, on est bien forcé de lui livrer ce que le grand jour même laisse dans l'ombre… » (p. 74)

Le narrateur, qui choisit de nous faire voir Camille par les yeux de Philippe, privilégie l'image inquiétante d'une femme-fleur capiteuse aux pouvoirs fascinants, femme-animal mystérieux et dangereux, guettant au fond de son « gîte noir » (p. 65) :

Activités

• *Faites une recherche sur la Forêt de Brocéliande. Qu'évoquent pour vous les noms du roi Arthur, Lancelot, Merlin, la fée Viviane ?*

Il l'écoutait mal [...] l'esprit attaché à la forme de sa
bouche et au battement de ses cils. (p. 51)

Il voyait dans l'ombre la robe blanche, la main blanche :
les yeux noirs, isolés dans leur halo de bistre, bougeaient
avec une lenteur inaccoutumée. (p. 56)

Le regard de Phil nous la décrit encore « impénétrable
comme sont les êtres calmes, dont le maximum d'expression
ne dépasse pas l'ironie tempérée, le sourire et la gravité »
(p. 75).

Parfois cependant, une fêlure est perceptible :

Comme ébloui, Philippe laissa tomber sa tête en avant,
et ce mouvement de soumission enivra un moment la
conquérante.

– Vous m'aimez ? dit-elle à voix basse.

Il tressaillit, la regarda, effrayé.

– Pourquoi… pourquoi me le demandez-vous ?

Elle reprit son sang-froid, son sourire dubitatif.

– Pour jouer, Philippe… (p. 76)

Ces paroles prennent une résonance étrange lorsque l'on
se rend compte que ce sont les dernières paroles prononcées
« à haute voix » par Camille dans le roman, les derniers mots
que le narrateur choisit de nous faire entendre. Sont-ils l'expression de la vérité, on peut en douter. N'est-ce pas ce bref
dialogue qui va précipiter le départ de Mme Dalleray ? Elle
part avec autant de mystère qu'elle était apparue, dans le son
d'une trompe d'automobile qui mugit comme une corne de
brume dans le brouillard (p. 115).

Activités

1. *Dans les rencontres Phil-Camille relevez tous les éléments du champs
   lexical de l'adoration d'une idole.*

2. *Comment expliquez-vous le départ soudain de Camille ?*

• Camille-Vinca : la Femme

> Une comparaison commençait ici, parmi ces hardes
> […], devant cette enfant en sarrau violâtre décoloré aux
> épaules. (p. 80)

La comparaison que semble autoriser et induire le narrateur n'a pas de valeur. Les deux personnages féminins du roman sont complémentaires et à bien des égards identiques.
Maintes références authentifient cette interprétation :

> Ici, Camille Dalleray portait le visage de Vinca ; là,
> Vinca, autoritaire, régnait sur lui avec une froideur impure
> et prestidigitatrice. (p. 116)

> Elle ferma les yeux, renversa la tête, caressa de la voix
> ses dernières paroles, et ressembla, avec une fidélité
> étrange, à toutes les femmes qui renversent le col et ferment
> les yeux sous un excès de bonheur. Pour la première fois,
> Philippe reconnut en Vinca la sœur de celle qui, les yeux
> clos et la tête abandonnée, semblait se séparer de lui, dans
> les instants mêmes où il la tenait le mieux embrassée...
> (p. 101)

Camille et Vinca sont les deux aspects d'un même personnage qui les dépasse en les réunissant : la Femme.

> [...] j'en sais autant que la première femme qu'il a créée ?
> (p. 112)

> Il méconnaissait, hargneux, la mission de durer, dévolue
> à toutes les espèces femelles. (p. 106)

> Elle accepta de le bercer, selon ce rythme qui balance
> […] toutes les créatures féminines de toute la terre. (p. 107)

Prolongements

♦ *Quel est le personnage qui vous paraît le plus important dans
le roman ? Justifiez votre réponse par écrit. Est-ce celui que
vous préférez ? Sinon, quel personnage préférez-vous ? En
vingt lignes donnez les raisons de votre préférence.*

III. L'ESPACE DANS LE ROMAN : LES ÉTAPES D'UNE RÉVÉLATION

Raconter une histoire c'est mettre en scène des personnages ; les entourer d'un décor, le décrire, et faire agir les personnages dans cet espace, mêler intimement le récit à la description, les actions aux représentations de l'univers fictif que le narrateur conçoit et dessine. Mais les informations apportées par les descriptions n'ont pas une simple valeur référentielle. Même si elles s'efforcent dans une esthétique désormais traditionnelle d'ancrer le récit dans un univers « réaliste » pour mieux convaincre le lecteur de la vérité des faits rapportés, elles ont aussi une fonction symbolique qui éclairent singulièrement le sens de l'œuvre.

La recension des personnages du *Blé en herbe* a déjà permis d'esquisser une sorte d'organisation de l'espace : le monde des adultes / l'univers des adolescents, celui de Vinca / celui de Camille… Il nous faut voir quels mouvements cette mise en scène duelle impose, quels « parcours » elle induit. L'ensemble du récit apparaîtra bâti sur de grands réseaux d'oppositions (intérieur / extérieur ; rocher / sable ; mer / terre ; air libre / grotte ; nuit / jour), sur d'amples mouvements contraires (vers la mer / vers la terre ; dans la mer / au bord de la mer).

Ainsi l'espace fictionnel construit par l'auteur reflète les antagonismes, le mal de vivre, mais aussi les joies éprouvées par les personnages, les mouvements qui les animent et dont il conviendra d'interpréter le(s) sens.

❏ Un univers organisé

• L'ancrage dans la réalité

Toute l'histoire du *Blé en herbe* se déroule dans une « Bretagne modérée » (p. 45), sur la « côte cancalaise » (p. 46), où nous savons que Colette passait ses vacances dans sa propriété de Rozven, sur la commune de Saint-Coulomb, à mi-chemin entre Cancale et Saint-Malo. La mise en scène narrative fait appel à des détails que Colette avait sous les yeux [1]. À l'évidence, ils donnent au décor son équilibre, aux dialogues leur authenticité :

> La lune […] rasait la falaise […] et le phare tournant du phare de Granville semblait, à chaque feu rouge, à chaque feu vert, l'éteindre. (p. 116)

Les références précises ne s'arrêtent pas là.

La villa où les deux familles passent leurs vacances est située parfaitement : « De la villa à Saint-Malo, les onze kilomètres ne lui avaient pas semblé trop durs » (p. 41).

Philippe, après la pluie, propose à Vinca : « Viens jusqu'au Nez, au moins, c'est sec sous le rocher » (p. 27).

Dans une lettre à son amie Marguerite Moreno, Colette écrit : « Je ne peux pas retrouver ta lettre, que j'ai lue par là, du côté de la pointe du Nez […] [2]».

Activités

• *Situez, en vous aidant d'une carte de Bretagne (Michelin 230, par exemple) et des indications du livre, la propriété de Colette d'une part et les lieux de l'action de l'autre. Cette localisation précise enrichit-elle votre perception de l'œuvre ?*

---

1. « À Rozven, furent écrits *L'Entrave* et *Le Blé en herbe* », voir Colette, p. 66 de Claude CHAUVIÈRES.

2. *Lettre à M. Moreno*, Flammarion.

La ville de Cancale apparaît, dans la méprise du parisien (p. 13) et avec elle la pointe du Grouin (p. 38), grande presqu'île à l'est de Rozven. Et la pointe de Meinga (p. 98) est aisément repérable sur une carte.

C'est avec l'indication géographique de la pointe du Meinga que la réalité physique, proprement topographique, commence à se charger de symboles.

• Un monde orienté

Si nous voulons la situer à l'aide du texte, nous devons la placer à l'ouest de la villa des Audebert-Ferret :

> [...] un chapelet de barques s'égrena, une voile après l'autre sortant de l'ombre du Meinga et gagnant la haute mer. (p. 98)

À quatre heures de l'après-midi (p. 97), Phil et Vinca la voient à contre-jour donc. Ce qui est confirmé peu après :

> Ils demeurèrent silencieux, virent le soleil descendre derrière le Meinga [...] (p. 104)

Or, lorsque la tristesse l'étreint, au soir du départ de Camille, Philippe tourne les yeux vers « le cap en forme de lion », vers le Meinga :

> Vers la fin du dîner, Vinca vit le regard de Philippe chercher, sur la mer nocturne, le Meinga invisible, la route blanche fondue dans la nuit [...] (p. 114)

Nous savions que Ker-Anna se trouvait à l'ouest de la villa de Phil ; il s'y arrête en revenant de Saint-Malo (p. 42), mais la précision prend une toute autre résonance maintenant : la villa de Camille, dont le départ désespère Phil, est située par le narrateur à l'occident, là où le soleil s'évanouit, là où tout prend fin. Remarquons identiquement que « le chemin du goémon » (p. 22), lieu que Colette a choisi pour la première rencontre entre Camille et Phil ne mène nulle part…

Ainsi l'univers que le narrateur élabore pour mettre en scène ses personnages, malgré son ancrage réaliste et les effets de réel qu'il crée, apparaît essentiellement comme un espace « orienté », chargé de significations multiples. Organisé moins par référence à la réalité que par le sens qu'il contribue à conférer au récit, il participe pleinement de la narration et de ses procédés. Dans *Le Blé en herbe*, le premier effet sensible est celui de l'opposition.

• Dedans / dehors

Un premier système d'opposition en effet divise cet univers limité des vacances en deux territoires bien distincts : l'intérieur et l'extérieur. Leur incompatibilité définitive est illustrée par l'arrivée de Phil chez Camille :

> Pendant qu'il gravissait [...] un perron éblouissant. [Il] crut perdre pied en pénétrant dans une pièce noire, fermée aux rayons et aux mouches. (p. 44)

A1

À l'intérieur des villas se trouvent les adultes. Ce sont des lieux où les rapports sont faussés par les conventions, les rites. Convaincus qu'un jeu s'y joue, les enfants feignent d'en accepter les règles mais trichent, se dérobent ou se masquent :

A
2, 3, 4

> Philippe rit de ses « vapeurs », exigea des soins, attira sur lui l'attention [...] Vinca, de son côté, faisait l'enfant [...] (p. 113-114)

Activités

1. *Donnez des exemples de rites, de cérémonials qui s'accomplissent dans les villas des adultes. Quels aspects de la vie sociale le romancier privilégie-t-il ?*

2. *Trouvez d'autres exemples de tricherie dans le roman. Ces scènes sont-elles liées à des lieux précis ?*

3. *Recensez dans un chapitre choisi par vous les contacts physiques que l'auteur suggère entre Phil et Vinca. Comment interprétez-vous cette insistance ?*

4. *Le chapitre 15 se passe bien à l'intérieur, mais dans la remise ? Pourquoi Colette organise-t-elle le tête à tête de Phil et Vinca dans un tel cadre, et pourquoi fallait-il qu'ils y soient seuls ?*

Pour les adolescents, l'intérieur représente le monde de l'artifice, de la feinte.

Loin des adultes, les enfants deviennent eux-mêmes. Le cri de colère de Vinca ou son exclamation de bonheur nous le prouvent :

> – D'abord nous sommes tout seuls, et puis je veux crier ! (p. 103)

> – Ah ! Phil, ne rentrons pas tout de suite, laisse-moi être un peu heureuse [...] (p. 120)

Les intérieurs séparent les deux jeunes personnages ; le lecteur attentif note qu'ils ne sont jamais seuls dans la villa et que tout semble disposé par le narrateur pour introduire une distance, un obstacle entre eux : ici, un bouquet de chardons et un piano ; là, la table du repas du soir.

À l'extérieur en revanche, les deux enfants se retrouvent et l'être Phil-et-Vinca se ressoude. Ils ne font plus qu'un à nouveau ; Colette multiplie les notations qui évoquent des contacts physiques entre les deux adolescents : des mains se joignent, une tête s'incline sur deux genoux rapprochés, deux jambes au cours de jeux marins, une bouche sur une joue, une bouche sur une bouche... Ces rapprochements physiques s'esquissent toujours au sein d'une nature accueillante et complice.

Activités

1. La recension des plantes et des fleurs n'a pas pour le lecteur un simple intérêt botanique. Montrez que les énumérations et les évocations contribuent à construire un espace contrasté.

2. En plus du bleu que vous avez déjà découvert, retrouvez toutes les teintes qui, dans le texte, colorent la côte bretonne. Quel est l'effet produit par la diversité de cette palette ?

3. Pensez-vous que l'on puisse appliquer à Colette cette définition qui fut donnée à certains peintres : « Ils sont impressionnistes en ce sens qu'ils rendent non le paysage mais la sensation produite par le paysage » ?

4. Par une recherche dans votre CDI, trouvez une reproduction d'un tableau impressionniste qui vous semble convenir à l'illustration de la côte décrite par Colette. Justifiez votre choix en citant le passage illustré.

❑ Refuges ou antres ?

• Une nature intime

C'est une nature qui est née en même temps que ceux qui l'investissent : « Quand on pense qu'il y a quinze ans, le Grouin était nu, et que c'est le vent tout seul qui y a semé ces petits arbres » (p. 38).

Comme eux, elle doit grandir en se battant, en faisant preuve de ténacité, de longue patience : « [...] comme la graine têtue qui, nourrie de peu, y fleurissait... » (p. 30).

Le buisson d'ajoncs « tenu et sustenté par une chevelure maigre de racines » (p. 84) donne lieu à des interprétations qui révèlent peut être le caractère profond des deux enfants, de leurs attitudes devant la vie. Pour Phil, c'est la falaise qui a reculé face aux éléments ; pour Vinca c'est le buisson qui a grandi dans la tourmente. La retraite pour lui, la marche douloureuse, opiniâtre, mais toujours en avant, pour elle.

À l'image des enfants, la nature a ses moments de rébellion :

> [...] sur ce sentier de sable fondant où les pierres plates et les rondins de bois, vingt fois assujettis en escalier rustique, roulaient vingt fois l'année sur la plage. (p. 91)

À leur image encore, lorsqu'on l'enferme dans les murs clos, elle dépérit. Alors qu'en plein champ, le serpolet embaume (p. 69) chargé de fleurs (p. 26), que les fougères poussent drues (p. 34), que l'or des ajoncs resplendit dans des fleurs toujours renouvelées (p. 84 et 88), près des villas les hortensias deviennent apoplectiques (p. 44), les marguerites et les mufliers méprisables (p. 49), les roses et les chèvrefeuilles défleuris (p. 49), tout comme les troènes (p. 77).

Seul le fuchsia pourpre fleurit sur le balcon de Vinca (p. 125). Sa floraison due aux soins diligents de l'adolescente ne fait que renforcer la connivence de la nature avec cette jeune fille. Toutes les autres plantes, comme les géraniums (p. 89), sont prisonnières derrière les clôtures, la grille noire.

Le narrateur souligne à l'envi l'opposition entre un espace 𝔸1 clos, limité par la volonté des hommes et celui ouvert, illimité où s'épanouissent librement la flore et les enfants, « sauvages à leur manière » :

> « [...] allons dans un endroit tranquille » [...]. Aucun d'eux n'avait jamais songé qu'un secret pût être confié à des tentures de cretonne claire [...] Sauvages à leur manière, ces deux enfants parisiens savaient fuir l'indiscret abri humain, et cherchaient la sécurité de leur idylle et de leurs drames au milieu d'un pré découvert, sur le bord d'une aire rocheuse ou contre le flanc creux de la vague. (p. 97)

Trait constant de l'univers du *Blé en herbe*, l'extérieur per- 𝔸2 met le refuge. Pour cacher son émoi et jouir à son aise de la nouvelle image de son amie, Philippe « se glissa dehors, courut vers la plage » (p. 13). Les exemples abondent : retenons seulement l'aveu de Vinca : « Oh ! je déteste ma chambre depuis quelques jours. Ici je n'ai pas peur... » (p. 120).

• L'antre

« Peur », le mot est lâché. Sans doute faut-il ici se souvenir que Colette a intitulé (dans l'édition du Matin du 18 no- 𝔸3 vembre 1922) le chapitre 8 l'« Antre ».

Que disent les dictionnaires ?

Activités

1. *Maintes fois, comme lorsque la promesse de « beau temps » semble souligner le bonheur de Vinca, la nature et ses manifestations deviennent le contre-point des sentiments, des émotions éprouvés par les enfants. Retrouvez quelques exemples et commentez-les.*

2. *Trouvez d'autres épisodes au cours desquels Philippe se réfugie à l'extérieur. Recensez aussi ceux où les lieux paraissent menaçants, ou étouffants pour le personnage.*

3. *La romancière a un instant intitulé le chapitre 8 «L'antre». Justifiez ce titre.*

Larousse : « Excavation naturelle qui peut servir d'abri aux hommes ou aux animaux » (cette définition rejoint ce que nous avions déduit du « gîte noir » de la page 65).

Mais, le Dictionnaire des Synonymes (chez Hachette) va plus loin : « Terme de nos jours exclusivement littéraire, caverne profonde, obscure qui inspire l'effroi et l'horreur ».

Repères

DÉNOTATION ET CONNOTATION

Le sens d'un terme tel que chacun peut le trouver dans un dictionnaire est appelé sens dénoté. Ainsi les dictionnaires s'accordent pour définir le terme « antre » comme une « excavation naturelle » (Larousse), une « caverne » (Robert), une « grotte naturelle profonde et obscure » (Littré).

Mais au sens dénoté communément admis sont associées des « représentations » (idées, images, valeurs) dont l'ensemble constitue le sens connoté du terme. Il varie selon l'expérience de chacun, les époques, les cultures… Les connotations sont souvent liées à des préjugés ou lieux communs forgés par la société dans laquelle nous vivons. Elles prennent parfois racine dans des mythes anciens.

A1

Ainsi, le terme « antre » se révèle, dès la lecture des définitions dénotées des dictionnaires riches de connotations opposées. « Abri » dans un premier temps, il devient lieu d' « effroi » et d' « horreur », «lieu inquiétant et mystérieux» . Le Petit Robert évoque la locution « C'est l'antre du lion » et la commente ainsi : (allusion à La Fontaine) « un lieu d'où on ne peut guère espérer sortir une fois qu'on y est entré ». Le sens figuré du terme souligne les connotations négatives du terme. Par exemple, « l'antre de la chicane » désignerait péjorativement le Palais de Justice.

Le titre du chapitre de Colette joue assurément sur les deux sens du terme.

Or, l'Antre pour Colette c'est Ker-Anna, la villa de Camille.

Devant Ker-Anna, l'instinct de Phil l'avertit d'un danger : son réflexe est la fuite. Mais on ne fuit pas si facilement de l'Antre, lieu associé, nous l'avons vu, à des forces magiques. Et il se retrouve, dans un grincement de grille qui évoque le cachot « devant une porte ouverte » (p. 44) qui ressemble étrangement à l'ouverture d'une nasse. À demi conscient d'un traquenard, il n'a que le temps de penser : « Le mur est là […] Il n'est pas très haut. Je saute et … je suis sauvé » (*ibid.*).

Le personnage va désormais interpréter chaque événement en fonction de son angoisse, de sa peur grandissante. Il va recréer le monde qui l'entoure à travers ses propres émotions :

– **l'obscurité**, qui pourrait aussi bien être reposante après le dur soleil d'août, devient dangereuse et provoque la chute. Cette chute est ponctuée d'un rire qu'il qualifie de démoniaque (p. 44) ; $A_{2,\,3}$

– **la fraîcheur**, qui pourrait être bienfaisante après la canicule qui règne dehors, lui coupe le souffle ;

Activités

1. *Étudiez l'épisode de l'entrée de Phil dans « l'antre » de Ker - Anna. Recensez d'une part les indications spatiales, d'autre part les émotions que le narrateur prête au personnage. Quelle image donnent-elles du lieu à découvrir ?*

2. *Quelques semaines après l'épisode de la chute, Phil encore une fois aveugle dans l'obscurité de la nuit entendra un autre rire, « le petit rire » de Vinca. Comparez les deux épisodes, pages 44 et 120. Imaginez en dix lignes le monologue intérieur de Philippe, dans lequel il comparera les deux événements.*

3. *Dans la scène du balcon (p.117), Phil ne monte pas vers son amie, elle descend.*

   Comment interprétez-vous ce mouvement qui interdit le déroulement conventionnel attendu ?

– l'orangeade, qui pourrait être appréciée comme une boisson agréable après une si longue course à bicyclette, serre la gorge de cet enfant ébloui par le feu d'un diamant réfléchi par un cube de glace (p. 45) ;

– une conversation anodine prend des aspects d'interrogatoire (p. 46).

Le salon de Mme Dalleray apparaît au héros, pris au piège de sa propre peur comme une cellule dans laquelle son mauvais rêve oppressant l'a fait choir :

> [...] la sensation de somptueux cauchemar, d'arrestation arbitraire, d'enlèvement équivoque [...] ôtait à Philippe tout son sang-froid. (p. 45)

Dans cet univers carcéral tout affole : la parole traumatise, le silence terrifie (p. 46). Par les sensations d'étouffement qu'éprouve le personnage, l'auteur établit un rapprochement entre deux univers, apparemment opposés. Ainsi la villa de Camille se révèle semblable à la villa des parents : on y étouffe et si on s'en échappe c'est en suffocant à demi.

> Philippe [...] monta sans bruit vers sa chambre qu'une nuit étouffante emplissait encore [...] (p. 62)

> [Il] se mit debout, gagna la porte en fendant des vagues lourdes et des obstacles invisibles, et retrouva la lumière avec une aspiration d'asphyxié. (p. 46)

Le caractère étouffant de ces univers sociaux, à la fois opaques et mystérieux, est d'autant plus sensible qu'il répond explicitement dans le récit à l'espace illimité d'une nature transparente et ouverte sur l'air du large. À ces mondes clos et oppressants, le romancier dans un contraste violemment antithétique oppose l'univers libre du plein air, domaine des seuls adolescents. Ainsi, lorsque le narrateur les situe dans un espace naturel, pas une fois il ne nous les présente tous les deux avec un adulte.

Ce n'est que lorsqu'il est seul que Phil est abordé par Camille qui s'efface dès que Vinca apparaît au bout du chemin. Phil est encore seul lorsqu'il converse avec son père. Sitôt qu'il sort de son évanouissement, (p. 96 : « j'aime mieux rester à l'air... »), le contact avec Vinca se rétablit par les yeux d'abord, et la main ensuite, et les Ombres disparaissent.

❏ De la mer à la terre : les trois zones

Dans l'organisation spatiale du récit, les contrastes se démultiplient et nous pouvons diviser l'extérieur en trois grands domaines : la mer, la terre, la frange côtière, zone charnière qui elle-même se subdivise, opposant le sable au rocher.

• La mer

C'est le domaine exclusif de Phil et de Vinca. Personne d'autre n'entre dans ses flots, ni les adultes, ni même Lisette :

> Le bain quotidien, joie silencieuse et complète, rendait à leur âge difficile la paix et l'enfance, toutes deux en péril. (p. 10)

En plongeant dans la mer, les enfants remontent vers la source, ils se régénèrent. Conformément aux symboles mythiques liés à l'élément liquide (voir *le Dictionnaire des Symboles* notamment), la mer dans *Le Blé en herbe* devient l'âge d'or de l'enfance retrouvée. Vierge de toute altération, elle représente le retour vers la pureté.

Le chapitre 14 nous intéresse particulièrement car il est riche d'exemples qui illustrent l'opposition « mer des enfants / monde des adultes ». Le narrateur privilégie ici le jeu des regards qui balaient l'espace dans un double mouvement significatif : de la mer vers l'intérieur de la villa, ou de l'intérieur vers le grand large :

> Philippe détacha son regard de la mer […] et se tourna avec étonnement vers Mme Dalleray. (p. 73)

Activités

1. À la page 64, Phil et Vinca sont encore dans l'eau (l. 10 à 20). Pourtant l'attitude de Phil n'est plus la même, si celle de Vinca n'a pas changé. Comment interprétez-vous ce changement ?

2. Dans le chapitre 14, étudiez le jeu des regards. Quelle vision de l'espace organise-t-il ?

> Philippe se détourna vers la mer, pour cacher du moins son visage […] (p. 73)
>
> Elle fumait lentement, et contemplait la mer […] Sans détourner son regard de l'étendue où couvait l'orage, elle posa de nouveau sa main sur celle de Philippe [...] indifférente à lui. (p. 75)

« Se détourner » de la mer, se « détacher » d'elle, ces actes semblent provoquer une souffrance. Plonger en elle, c'est retrouver la solitude bienfaisante, la paix de l'oubli.

• « Le no man's land »

Entre la mer et la terre s'étend une zone où les enfants se trouvent souvent et qui leur ressemble étrangement. Faite de sable et de rochers, elle est à l'image de cette expérience qu'ils sont en train de vivre, tantôt plaisante, tantôt triste, tantôt bienheureuse, tantôt profondément blessante. C'est ainsi, semble-t-il, que l'on peut interpréter la récurrence du thème du rocher qui apparaît vingt-huit fois dans le récit.

Le rocher, ou le récif, se révèle un obstacle douloureux. Il est l'ennemi qui se dresse sur la route, et dont le franchissement blesse. Sur la pente rocheuse qui le mène vers le chemin où il rencontrera la Dame en blanc, Phil en fait l'expérience : « Il essuya, de la main, sa cheville qui saignait, écorchée et lécha sur sa main le sang et l'eau marine qui mêlaient leur sel » (p. 21).

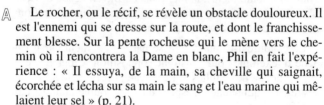

Activités

1. *Recensez les occurences du « rocher » dans le récit et interprétez cette insistance.*

2. *Des deux enfants, lequel vous apparaît le pêcheur le plus acharné ? Quelle conclusion pouvez-vous en tirer ?*

3. *Quelles relations chacun des deux adolescents établit-il avec le sable ? Comment interprétez-vous les différences constatées ?*

Après avoir emprunté le même chemin, Vinca montre ses « genoux meurtris de saint Sébastien, parfaits sous leur épiderme balafré » (p. 24).

Les blessures faites par « la corne du rocher » rythment les vacances, en scandent en quelque sorte le calendrier :

> [...] ses deux jambes de bronze, nues hors de la petite culotte sportive, comptaient, en cicatrices blanches, en blessures noires ou rouges, ses semaines de vacances et ses journées de pêche sur la côte rocheuse. (p. 42)

Le sang des enfants sèche sur le roc en même temps que le sang du congre, rose sur le gris de la pierre, ou que celui du crabe que l'on écrase et qui « craque comme une noix » (p. 64).

D'autres correspondances sont soulignées par les personnages eux-mêmes. Ainsi, l'étendue rocheuse est l'endroit où l'on souffre et où l'on fait souffrir.

« J'ai mal. Ici à la hauteur de l'estomac. Et j'ai horreur de ce rocher violacé […] que je regarde en moi-même » (p. 95). La souffrance intime, le cœur secret du personnage (« rocher [...] que je regarde en moi même... ») et le monde extérieur sont perçus comme des images en reflets et provoquent les mêmes réactions de rejet.

Élément minéral, le rocher trouve son opposé dans un autre élément minéral, mais réduit en poudre, le sable.

Le sable, en effet, semble, comme l'eau dont il est le prolongement, appartenir aux enfants seuls. Nous l'avons vu s'affaisser sous les tentatives de constructions d'adultes (p. 91), nous pourrions le voir dangereux (« ornières de sable sec » p. 20) si l'enfant n'intervenait pas : « Un peu plus, l'auto s'enlisait ici. Je l'ai renseignée » (p. 24).

Et si le rocher n'agresse plus, c'est qu'il s'est allié au sable pour construire, aux enfants, un abri de paix :

> Ils choisirent leur crique, une faille entre deux rochers, que les marées avaient pourvue de sable fin […] (p. 34)

Le sable, par sa chaleur (p. 39, 64, 66) ou par sa fraîcheur agréable (p. 20), parce qu'il est plastique et facile à pénétrer, accueille et protège les formes qui se moulent en lui. Il apparaît comme l'un des refuges favoris de Philippe :

> Philippe [...] courut vers la plage et tomba en boule dans un creux de dune [...] (p. 13)

> [...] il languissait de l'envie de dormir dans un creux de sable chaud [...] (p. 66)

Le sable, comme l'eau, ramène, par le plaisir que l'on éprouve à s'enfoncer dans sa masse sans résistance, à la petite enfance et même au-delà à la protection du ventre maternel. Le narrateur lui associe de façon récurrente les sensations les plus douces, où dans un jeu simple de correspondances (voir chapitre 5, p. 25) s'allient par exemple la blondeur et la chaleur :

> On venait d'évoquer un temps où elle n'était visible pour personne, et cependant déjà un peu vivante... Il ne gardait d'ailleurs aucun souvenir précis de l'époque où ils trébuchaient ensemble sur ce sable blond des vacances [...] Mais quand il disait dans son coeur : « Vinca ! » le nom appelait, inséparable de son amie, le souvenir du sable chaud aux genoux [...] (p. 38-39)

• La terre

Elle prend son aspect symbolique par opposition à la mer, source de jeunesse, monde de la pureté enfantine, Paradis retrouvé. La terre, l'intérieur des terres plus exactement, apparaît comme l'espace des adultes. C'est là que l'on trouve leurs maisons et les routes qui y mènent, où l'herbe verte devient jaune (p. 42), où les genévriers sont « gris de poussière » (p. 83) ou « pétrifiés sous la poussière » (p. 114). À « la sieste heureuse de lycéen en vacances », à « la langueur immobile », viennent s'opposer tous les bruits, toutes les odeurs qui, dans le vent, parlent du labeur de l'homme :

Activités

* *Relevez les oppositions – couleurs, formes, matériaux, symboles – qui, dans le récit de Colette, construisent les rapports entre l'espace de la mer et l'espace de la terre.*

La brise, soufflant de terre, sentait le regain fauché, l'étable [...] (p. 21)

[…] l'arôme [...] des sillons ouverts, du blé battu, des engrais fumants [...] (p. 31)

Une batteuse à grain bourdonnait là-haut […] (p. 35)

Toutes ces activités des hommes obligent à penser qu'au-delà, encore plus loin dans les terres, une salle de classe attend, et le choix d'une profession, et le service militaire. Autant d'étapes qui éloigneront les adolescents de leur état idyllique pour les installer à jamais dans l'âge adulte. Et le « rose poussiéreux » qu'apporte « la brise soufflant de terre » et qui remplace « peu à peu le bleu immuable, au ras de la mer » (p. 21) doit se lire comme l'imprégnation symbolique de l'univers marin par l'univers terrestre.

Se tourner vers la terre signifie affronter l'inéluctable marche en avant de l'être humain, se détacher chaque jour davantage de la Mer des origines, regarder la vie en face avec ses peines, avec ses joies. C'est en se tournant vers la terre que Phil trouve le maléfique petit garçon, envoyé par Camille et porteur de la navrante nouvelle (p. 88). Mais c'est en s'éloignant de la plage que Phil et Vinca vont devenir amants :

Mais je ne tiens pas du tout à la plage, tu sais. On n'a qu'à se promener un peu en remontant, au contraire. (p. 117)

Loin des pique-niques enfantins ou des jeux puérils de naguère, un acte grave et important va leur ouvrir le vaste domaine de la sensualité d'adultes. On peut interpréter sans risque d'erreur le sens que le narrateur donne à leur mouvement : ils s'avancent en tournant le dos à l'univers innocent de leur enfance, main dans la main. Ils laissent derrière eux la mer et le sable blond à Lisette.

Mais cet abandon et cette recherche ne peuvent se faire que dans des espaces singuliers : clos mais extérieurs, sombres mais fulgurants, ces lieux, soigneusement élaborés par le romancier, deviennent des zones de révélation.

❏ Les chambres noires

• La nuit

La nuit dans laquelle se fondent Phil et Vinca n'est plus la nuit étouffante, dans des lits trop chauds, peuplée de mauvais rêves, telle que que nous l'avons déjà aperçue. C'est la nuit de l'extérieur, légère, qui transforme la réalité trop brutalement éclairée par la lumière du jour en un univers de magie onirique, éclairé par la lune « en son premier quartier » (p. 116). « Pays ami et connu » (p. 120), il accueille et rassure l'âme troublée de Phil et Vinca :

> Philippe […] entra dans cette nuit douce comme en un refuge sûr et triste. (p. 116)

> Nous sommes bien. Comme c'est facile de vivre, la nuit ! (p. 120)

Univers privilégié des aveux et des révélations, la nuit devient un espace idéalisé, que le personnage le plus pur souhaite élargir à l'infini :

> « Tu m'as appelée Vinca chérie ! Ah ! pourquoi ne fait-il pas nuit tout le temps ! » (p. 120)

• La grotte

De la même façon que la nuit enveloppe et protège les enfants, les dérobant aux indiscrétions des adultes, la grotte accueille Phil et Vinca lorsque la protection du sable ou de la mer ne leur suffit plus. Comme tout symbole, le rocher peut jouer deux rôles contraires. Nous l'avons vu agressif et coupant, nous l'avons aussi vu, associé au sable de la crique, protecteur, amical, « couvert de fleurettes jaunes ». Le rocher peut s'ouvrir pour offrir aux enfant en danger, un abri sûr.

Activités ──────────────────────────────

• *Étudiez l'épisode nocturne (p. 116 à 120 notamment). Relevez les sensations et les images qui évoquent son climat.*

Il jouera ce rôle à deux occasions, suffisamment dramatiques pour que chacune d'elles se termine par un désir de mort (p. 29 et 107) ; les termes peuvent aisément s'associer : « retraite sèche bien abritée » (p. 28),« refuge suspendu » (p. 100).

Avec l'adjectif « suspendu », le symbole s'enrichit ; on imagine une ouverture percée à flanc de falaise : un nid comme ceux des mouettes qui crient dans l'ombre du Meinga. D'autres éléments du lexique confirment notre interprétation : « au plus sûr du nid escarpé » (p. 107), « le nid dans le rocher » (p. 108), « le nid de rochers » (p. 120), ou bien « aire sans rebord » (p. 28), « sur le bord d'une aire rocheuse » (p. 97). Le nid évoque bien sûr la chaleur de l'abri, la confiance que l'on y reprend ; l'aire évoque, à l'évidence, les grands oiseaux de proie, mais plus certainement le côté vertigineux, inexpugnable de l'endroit.

Et le symbole se développe : le nid ne vient-il pas ici s'opposer à « l'antre » qui caractérisait la villa de Camille ? Et la femme-animal mystérieux et dangereux au fond de son « gîte noir » s'oppose maintenant à la femme oiseau que devient Vinca :

> Elle fit un cri d'oiseau irrité, perçant, imprévu […]

> Elle criait, à l'aise dans sa fureur féminine comme un pétrel sur une rafale. (p. 102)

Vinca plane dans la tempête de ses sentiments au-dessus de la vague :

> Au-dessous d'eux, la mer claquait en drapeaux déchirés […] (p. 27)

> Au-dessous d'eux, une houle […] (p. 97)

Activités

• *Comparez les deux épisodes du récit qui ont pour cadre la « grotte ». Étudiez notamment les indices spatiaux et les comparaisons et métaphores.*

Elle domine la mer, et le symbole de la grotte se transforme à nouveau : elle devient vaisseau, image de force et de sécurité dans une traversée difficile : « bien abritée sous une proue de rochers… d'où l'on semblait voguer vers la haute mer » (p. 28) ; de son nid escarpé Vinca « mesurait en marin, la chute du soleil » (p. 108).

• La chambre secrète

Le chemin de retour qu'aménage le narrateur prend une valeur symbolique accrue. Associons une fois encore les deux épisodes. Il faut interrompre le rêve et rentrer au port, obéir au moussaillon tout de blanc vêtu, resté à terre et dont « les petits bras bruns » gesticulent le message parental : « Venez ! Vous êtes en retard ! » (p. 111). Il faut redescendre « le sentier de la douane en corniche à flanc de falaise » (p. 27), passer sous « l'entablement de roc » (p. 97) et franchir « les longs bancs schisteux couchés à l'entrée de leur abri » (p. 110).

Empruntés au champ sémantique de l'architecture, les mots et expressions « entablement », « bancs schisteux couchés à l'entrée » évoquent fortement quelque monument jadis bâti pour abriter d'autres cérémonies. Ils couronnent et éclairent l'image que le narrateur avait préalablement suggérée : « Elle vint, et ils choisirent gravement, en guise de chambre secrète… » (p. 97).

Le Dictionnaire des symboles[1] précise cette référence : « Dans tout rituel d'initiation se présente une épreuve, qui est le passage par une chambre secrète : caveau, souterrain […] C'est un lieu éloigné de tout curieux ».

Ultime lieu de notre recherche, la chambre secrète symboliserait le passage vers une vie nouvelle. Univers fictionnel fortement structuré par un réseau d'oppositions denses

---

1. Collection « Bouquins », Robert Laffont.

(intérieur-extérieur ; ombre / lumière ; mer / terre) et de symboles puissants (l'eau, le rocher, l'antre, le nid, la grotte), *Le Blé en herbe* met en place les figures d'un voyage, d'un itinéraire, ceux qu'accomplissent deux adolescents pour passer d'un âge à un autre. Le thème du passage – du seuil – devient ainsi essentiel.

Repères

LES LIEUX DANS LE RÉCIT

1. Faire le relevé des lieux, c'est chercher une organisation dans l'espace qu'ils dessinent. Apparaissent très souvent des systèmes d'oppositions nettes : extérieur ≠ intérieur ; océan ≠ terre ferme.

2. Étudier les lieux c'est retrouver leurs caractéristiques et leur donner un sens (les falaises, les rocs sont-ils inhospitaliers ? Les grottes apaisantes ?) Y-a-t-il des passages possibles entre ces lieux ? Quel sens donner à ces passages ? (Passer de l'eau à la terre, ce mouvement peut-il se lire comme une marche – avancée ? régression ? – vers l'âge adulte).

3. Étudier les lieux, c'est aussi étudier leur fonction dramatique, l'influence qu'ils ont sur l'action, le rôle symbolique qu'ils jouent dans l'éclairage de l'ensemble du récit (Quitter la plage de sable pour se diriger vers le jardin obscur, c'est franchir un point de non-retour).

Dans un récit à l'organisation maîtrisée, le lecteur attentif percevra que les lieux ne tissent que très rarement une simple toile de fond, même s'ils ne paraissent évoqués que comme « ancrage dans la réalité ». La façon dont ils nous sont présentés, la manière dont ils construisent l'espace fictionnel contribuent pleinement à la cohérence et à la richesse du sens du récit.

Prolongements

♦ Aujourd'hui, le pays conserve des traits de son origine : entrecoupé de fossés boisés, il a de loin l'air d'une forêt et rappelle l'Angleterre : c'était le séjour des fées, et vous allez voir qu'en effet j'y ai rencontré ma sylphide. Des vallons étroits sont arrosés par de petites rivières non navigables. Ces vallons sont séparés par des landes et par des futaies à cépées de houx. Sur les côtes, se succèdent phares, vigies, dolmens, constructions romaines, ruines de châteaux du Moyen âge, clochers de la renaissance : la mer borde le tout. Pline dit de la Bretagne : Péninsule spectatrice de l'Océan.

Entre la mer et la terre s'étendent des campagnes pélagiennes, frontières indécises des deux éléments : l'alouette de champ y vole avec l'alouette marine ; la charrue et la barque à un jet de pierre l'une de l'autre, sillonnent la terre et l'eau. Le navigateur et le berger s'empruntent mutuellement leur langue : le matelot dit les vagues moutonnent, le pâtre dit des flottes de moutons. Des sables de diverses couleurs, des bancs variés de coquillages, des varechs, des franges d'une écume argentée, dessinent la lisière blonde ou verte des blés. Je ne sais plus dans quelle île de la Méditerrannée, j'ai vu un bas-relief représentant les Néréides attachant des festons au bas de la robe de Cérès.

Mais ce qu'il faut admirer en Bretagne, c'est la lune se levant sur la terre et se couchant sur la mer.

Chateaubriand, Mémoires d'outre-tombe, *Livre I, chapitre 6.*

1. Quels aspects du paysage l'auteur privilégie-t-il ?

2. La Bretagne de Chateaubriand vous parait-elle différente de celle du Blé en herbe *?*

IV. LES IMAGES DU PASSAGE : INITIATIONS

Le récit de Colette est celui d'une double initiation. Pendant une brève période de vacances, deux adolescents passent de l'âge de l'enfance et de l'innocence à un autre temps. *Le Blé en herbe* saisit les étapes d'une transformation qui, modifiant les corps et les âmes, seuils après seuils, façonne les êtres. L'étude du traitement du temps s'impose pour appréhender cette dimension fondamentale de l'œuvre.

❏ Le temps mesuré

Le narrateur accumule les repères temporels. Au rythme des « l'an passé », des « l'an prochain », au gré des « hier » ou des « plus tard », il fait du temps un élément tangible ; omnipotent, il transforme chaque événement en un jalon fondamental : « Elle était pourtant plus inquiète, avant... » (p. 66), « Aussi bien Phil sentait approcher l'heure » (p. 70), « Ah ! oui, c'était avant... je me souviens que c'était un peu après... » (p. 86).

• La mesure des hommes

Les propos les plus banals prêtés aux personnages comme les notations les plus aiguës soulignent la dimension temporelle du récit :

> – C'est incroyable ce que les jours raccourcissent ! (p. 36)

> Quelques jeunes voisins [...] laissèrent la mer pour la Touraine ; les villas les plus proches se fermèrent. (p. 32)

Tout dans la nature, comme dans la vie quotidienne, devient le signe perçu et exprimé de l'avancée du temps :

> « Midi ! Phil ! Midi qui sonne à l'église, tu entends ? » (p. 64)

[...] elle mesurait [...] la chute du soleil : « Il est plus de six heures » (p. 108)

– Il est quatre heures, dit Philippe en consultant le soleil. (p. 97)

[...] « Eh, eh, déjà dix heures. Les enfants, [...] on se couche à dix heures, ici ? » (p. 68)

Encore quelques tintements de vaisselle, le dur clapotis des dominos [...] et l'heure sonnerait [...] (p. 68)

[...] la chaîne du puits déroulée, le tocsin du seau vide sur la margelle, le grincement des rideaux au long de leur tringle [...] sonnèrent pour Philippe l'heure [...] (p. 72)

Le lecteur ne peut qu'être sensible aux occurrences continuelles des indications temporelles. Comment interpréter cette insistance ? Dans le soin qu'ont les personnages de Colette à mesurer le temps qui passe, l'univers tout entier servirait de référence comme pour bien marquer que le temps échappe à un individu seul ; il concerne chacun. Là serait peut-être la première et dure leçon que doivent apprendre Phil et Vinca.

Les indications temporelles ont aussi une fonction dramatique. La construction linéaire chronologique que privilégie le narrateur réduit l'espace temporel des vacances comme une peau de chagrin. Les conversations rappellent au lecteur que le temps passe et que les vacances vont inexorablement finir. Les repères abondent et resserrent le temps : « Les vacances, à présent, c'est l'affaire d'un mois et demi,

Activités

• *À deux reprises, le narrateur fait explicitement allusion à une montre (ch. 11 et 16). Retrouvez ces deux moments.*

Analysez-les en les comparant (Qui regarde sa montre ? Quand et où se passe l'action ? Commentez le lieu, le moment...).

Pourquoi, selon vous, est-ce que ce sont les enfants seulement qui regardent leur montre ? Quelle pourrait-être, là, l'intention de l'auteur ?

quoi ! » (p. 14), « Encore quelques jours, trois semaines »
(p. 26), « Encore quelques jours » (p. 29). Au début du chapitre 14, il reste « une quinzaine » de jours de vacances et
« c'est toujours le 25 septembre » que les Audebert-Ferret
doivent rentrer. Pour profiter de ses vacances, Philippe n'a
plus qu'à suivre le conseil de son père : « Jouis de ton reste,
p'tit gars. Encore deux jours de bon temps » (p. 92).

• La mesure de la Nature

Même lorsque les personnages du roman ne s'y réfèrent
pas, la Nature reste présente et ses manifestations, sans cesse
évoquées par le narrateur, nous rendent sensible l'avancée du
temps. Le lecteur peut d'un chapitre à l'autre mesurer les
transformations qu'il opère.

D'abord, « La grande marée d'août » (p. 25) amène les
premières grosses pluies des vacances. Le mois d'août peu à
peu se termine (p. 41) en « défleurissant les chèvrefeuilles et
les Dorothy-Perkins » (p. 49). Dans cet août finissant, les
jours raccourcissent et on allume les lampes pour le repas du
soir (p. 68), et l'on peut savourer « les premières poires et les
derniers cassis » (p. 32). Les chardons si bleus lors de la vi-
site à Ker-Anna (p. 49) deviennent des fleurs séchées (p. 84).
« L'odeur de l'automne » se glisse dans les buissons de la
plage, des champignons sortent de terre et les nuits sont plus
fraîches (p. 31). Puis vient « le soleil de septembre » (p. 87)
et avec lui ce vent d'automne qui parle « sourdement de mar-
rons grillés et de pommes mûres » (p. 87). Encore un peu et

Activités

1. Par un relevé exhaustif des indices temporels (p. 100 - 101 : « Il y a six
   semaines » ; p. 115 : « pour le départ le surlendemain », par exemple)
   datez avec précision autant de chapitres que vous le pouvez.

2. Relevez par écrit le raisonnement qui vous guide au fur et à mesure.
   Le point de départ de votre recherche devrait être le début du chapitre 14.
   Aidez-vous d'un calendrier pour la clarté de votre réflexion.

déjà l'hiver pourrait s'annoncer : « Il entendit dans la cuisine le bruit hivernal du charbon versé dans le fourneau » (p. 78).

Récit de l'été, le roman projette l'image des climats plus rigoureux. Loin d'être une fin, l'été devient un seuil, étape vers d'autres expériences.

❑ Les transitions

• Une époque charnière

Le temps de la fiction, nous l'avons vu, couvre la période des vacances, « de juillet en octobre » nous indique le narrateur à la page 6. Une réflexion de Philippe au début du chapitre 14 précise un peu plus les limites : « C'est toujours le 25 septembre que nous devons rentrer ». Véritable entr'acte dans la vie des deux familles, l'espace temporel de la fiction recouvre un moment intermédiaire ; il marque le passage d'une saison à une autre.

Période de passage, le temps de la fiction choisie par le narrateur corrrespond aussi à un temps singulier que représente l'âge des héros adolescents.

Nous sentons en effet, avec les personnages, que ces vacances ne seront pas les mêmes que les quatorze autres qui les ont précédées. Dés le début du premier chapitre, les enfants comprennent que ces vacances annoncent un changement :

> L'an passé, déjà, ils échangeaient des répliques aigres, […] maintenant le silence, à tout moment, tombe entre eux […] (p. 6)

Et au début du chapitre 16, la méditation de Philippe nous apprend que quelque chose va disparaître :

> « Nous finissons ici, cette année […] Vinca et moi […] un être qui fut Phil-et-Vinca va mourir ici, cette année [...] » (p. 82)

• Un âge charnière

Phil et Vinca entrent dans ce « temps où le corps et l'âme fleurissent » (p. 18). L'auteur situe ses personnages au moment où le corps se cherche, où l'on peut à seize ans être interpellé d'un « Hep ! petit » et paraître « douze ans » lorsque l'on rit, tant le rire a gardé sa spontanéité juvénile (p. 22). Les annotations sur la période de transition que vivent les jeunes gens abondent, souvent liées à un détail physique :

> [Il] revit [...] bras et jambes de seize ans [...] d'une forme pleine d'où le muscle sec n'avait pas encore émergé et qui pouvait enorgueillir une jeune fille autant qu'un jeune homme. (p. 21)

> [...] elle ressemblait à un collégien déguisé pour une charade. (p. 24)

> « [...] Je serai mal coiffée tant que mes cheveux seront trop courts. Cette coiffure-là, c'est en attendant... » (p. 15)

Les corps changent. L'apparence de Philippe se virilise :

> [...] Philippe, de jour en jour changé, d'heure en heure plus fort [...] (p. 6)

> Sa lèvre noircissait chaque jour et la poussée du premier poil [...] enflait un peu sa bouche [...] (p. 85)

Identiquement, chaque jour qui passe modèle davantage Vinca. Son « corps chaque jour féminisé » (p. 64) ressemble peu à peu à celui d'une femme : « la plate et gracieuse jeune fille » (p. 7) qui « n'a pas plus de chair que l'autre année » (p. 5) du début du roman pourra, à la fin, serrer la tête brune de Phil « sur ses seins qu'un peu de chair douce, toute neuve arrondissait » (p. 107).

Activités

1. Faites un repérage précis de toutes les allusions aux cheveux de Vinca. Montrez comment du premier au dernier chapitre (de la p. 5 à la p. 125) le narrateur « utilise » la chevelure de son personnage pour illustrer le passage de l'enfant à la jeune femme.

2. Repérez, pour l'un ou l'autre des personnages, les transformations physiques que souligne le narrateur.

Le parfum du personnage n'est plus le même au fil des pages que le relecteur peut rapprocher :

> Il perçut l'odeur d'esprit de lavande, de linge repassé et d'algue marine [...] (p. 53)

> [...] une odeur de femme blonde, apparentée à la fleur de bugrane rose [...] (p. 105)

Loin de l'androgynie initiale, il semble que l'on devienne adulte en choisissant son corps, et surtout en en prenant conscience. Dès lors, les attitudes de pudeur apparaissent : l'enfant qui n'hésitait pas à rouler sur ses cuisses brunes sa culotte blanche (p. 34), à trousser, pour descendre à l'eau, sa jupe aussi haut que possible (p. 6) devient une adolescente qui tombant « assise parmi les sauges et les renouées roses [tire] l'ourlet de sa robe jusqu'à ses chevilles » (p. 53).

Philippe n'échappe pas à ces pudeurs nouvelles et le matin qui suit sa première nuit chez Mme Dalleray, « au lieu de descendre demi-nu, comme tous les jours, [il] noua soigneusement la corde de son peignoir » (p. 63). Il avait déjà pris conscience du regard d'une femme sur son corps et en avait rougi (p. 22 et 43).

Il va maintenant rougir encore mais en prenant conscience de son regard sur le corps de Vinca :

> Il rougit parce qu'il avait prononcé distinctement en lui-même le mot « seins » [...] (p. 109)

En leurs émois nouveaux, les deux adolescents changent. Et le narrateur, dès le début du récit, souligne la part nouvelle d'émotion sensuelle qu'ils découvrent. On notera par exemple l'évolution rapide de Phil :

Activités

• *Maurice Debesse dans « Psychologie de l'adolescence »* (Encyclopédie de la Psychologie, *Nathan*), écrit que lorsque l'enfance se lézarde, « l'émotivité s'intensifie et s'accompagne des attitudes de pudeur et de timidité accrues ».

Relevez dans le texte des exemples où l'émotivité des personnages se fait plus intense.

Il n'avait pas plus l'envie de la caresser que de la battre. (p. 7)

Les genoux fins tressaillirent et se serrèrent, et Philippe songea, avec une fougue soudaine, à la forme charmante de ces genoux. (p. 19)

L'évolution de Vinca tient en une phrase : « Elle savoura le poids, le contact nouveau d'un corps de jeune homme qu'hier encore elle portait, en riant et en courant, à califourchon sur ses reins » (p. 107).

Ainsi, *Le Blé en herbe* apparaît bien comme le récit des « passages » vécus par les deux adolescents.

❑ Le roman du passage

• « Tout de suite avoir vingt cinq ans » *(p 18)*

Le temps, on l'a vu, est mesuré, scandé par les mille détails de la vie, par la course naturelle du soleil, par les activités cycliques. Si leçon il y a dans l'évocation incessante de cette scansion, ce serait celle de la sagesse. On ne peut que suivre le rythme du temps et ses différents seuils : devant « le long et dur passage de l'adolescence » (p. 19), les révoltes sont inutiles et les fuites aussi.

Face à cette réalité, les deux personnages ont des réactions différentes, voire opposées. Vinca avec « son bon sens habituel de petite bourgeoise intelligente » (p. 28) qui lui fait dire : « Puisqu'on n'a que quinze et seize ans… Puisqu'on est forcés d'attendre » (p. 19) semble accepter avec résignation.

Le narrateur prête à l'adolescent des réactions plus impulsives. Face à « la fuite impossible » , il éclate en larmes de-

Activités ─────────────────────────────

• *Trouvez d'autres exemples de l'apparente résignation de Vinca, de la révolte de Philippe.*

vant « l'avenir hors d'atteinte » (p. 28), ou s'écrie: « Pourquoi est-ce que je ne peux pas tout de suite avoir vingt-cinq ans ? » (p. 18).

Ainsi, face au temps, l'auteur prête tour à tour à ses personnages des tentations et des velléités qu'il convient d'approfondir. Au souhait ardent d'accélération du temps, ils superposent maintes fois le rêve tout aussi insensé de le remonter. Accélérer le cours du temps, ou le remonter deviennent la double face d'une même obsession, la volonté d'abolir le présent.

• Le temps remonté, le temps effacé

Refuser de vieillir, suspendre le temps en regardant en arrière, telle semble être la solution choisie par les enfants, quelques fois par Vinca, par Phil surtout :

> […] ces enfants égarés qui se tournaient parfois, plaintivement, vers la porte invisible par où ils étaient sortis de leur enfance. (p. 33)

Une fois le narrateur prête à Vinca l'expression de ce souhait fou : « J'aimerais retourner en arrière et redevenir enfant, aujourd'hui… » (p. 71). Mais c'est bien plus souvent que Phil essaye de rejoindre un passé à jamais révolu :

> Il se coucha rapidement, éteignit sa lampe et chercha d'instinct la place, contre le mur, où ses peines de petit garçon […] avaient trouvé la nuit protectrice. (p. 116)

La paix de son esprit passe par des souvenirs anciens :

> Il eût pleuré de détente et de plaisir, à trouver Vinca si douce […] pareille dans l'ombre à une Vinca d'autrefois qui n'avait que douze ans […] (p. 118)

Activités

• *Trouvez d'autres exemples de cette tendance de Philippe à remonter dans son enfance ou à nier le présent. Quel trait de son caractère déjà étudié cela renforce-t-il ?*

> Je n'ai peut-être, moi, qu'à l'oublier et nous redeviendrons heureux comme avant […]

• Passages

> […] vers la *porte* invisible par où ils étaient sortis de leur enfance. (p. 33)

Chacun aura noté la métaphore spatiale. Elles abondent dans le récit et il convient de les rassembler et de les interpréter. Avant d'accomplir son premier geste d'homme, Phil devra franchir « le mauvais *couloir* de rochers » (p. 7). Avant de faire le premier pas d'une marche qui la conduira à une tentative de suicide, Vinca hésite « sur le *seuil* » (p. 27).

L'avenir de Phil n'est qu'un long « *vestibule* » (p. 85) qui s'ouvre devant l'adolescent. Traduisant la confusion de son esprit, des métaphores expriment son désarroi : « un bouchon de brume venu du large » le plonge dans des « *limbes* » où brille le visage de Camille (p. 87). Le soleil de septembre le délivrera par « un *couloir* étouffant » (p. 88).

« Porte, couloir, vestibule, seuil, limbes » : ainsi, le narrateur multiplie-t-il, à l'instant où il place les personnages devant des choix douloureux, les images du « passage », de ces zones de l'univers spatial ou mental qui évoquent les nécessaires transitions, les temps intermédiaires, les étapes indispensables. L'eau, dont nous avons souligné l'importance symbolique participe de ce réseau métaphorique.

La mer baigne en effet la côte où les Audebert et les Ferret laissent leurs enfants errer par les « chemins » et les « sentiers ». Mais l'eau n'est point ici paisible. Le narrateur

Activités

1. *Recherchez le sens des termes soulignés par nous et précisez la cohérence de ce réseau lexical.*

2. *Recensez d'autres occurences du « motif de la porte » et proposez une interprétation qui précise à la fois les sentiments des personnages et l'organisation spatiale du récit.*

la présente en agitation perpétuelle, que le vent la rebrousse (p. 62), que « la marée basse de quatre heures » (p. 66) la fasse reculer ou que les grandes marées d'août ou de septembre la fassent danser (p. 25). *Le Dictionnaire des Symboles* [1] précise cette valeur : « eau en mouvement, la mer symbolise un état transitoire ». L'eau n'est plus ici, telle que nous l'avons vue, le symbole de la jeunesse et de la pureté retrouvée. Elle devient l'image du passage vers d'autres temps, vers d'autres (re)naissances. « En regardant la mer » (p. 82), Phil en effet comprend que cet être double « qui fut Phil-et-Vinca va mourir » là et que dès lors une autre vie s'apprête. Similairement, après avoir promené « sur la mer un regard de condamnée » (p. 29), Vinca se laisse glisser vers l'eau, « vers le lieu où l'amour ne tourmente plus, avant le temps, ses victimes » (p. 31).

• Portes

La narration organise avec rigueur l'espace, ses entrées, ses sorties, ses passages d'un point à l'autre de l'univers fictionnel. Un des « lieux » les plus chargés de sens paraît être « la porte », point de communication, de passage, mais aussi sans doute d'interdit, de transgression consentie ou refusée, refoulée. Dans le récit, le motif de la porte apparaît de façon récurrente. Chaque épisode ne saurait être chargé de la même valeur. Un « instant » mérite une particulière attention :

> Philippe laissa ouverte la porte vitrée […] (p. 116)

Que représente cette porte ? C'est celle qui clôt la maison des parents. Phil doit la franchir pour « fuir la maison de son enfance » (p. 64). Passer le seuil est un acte qui permet d'échapper à l'étouffement (symbolique ?) de la chambre d'enfant et d'avancer vers le futur. Cependant Phil hésite et la porte reste ouverte : la retraite n'est pas coupée. Plus métaphoriquement, la porte évoque aussi l'accès à un savoir nouveau. Elle devient lieu de passage initiatique.

---

1. Collection « Bouquins », Robert Laffont.

❑ Le roman de l'initiation

Quelques définitions s'avèrent utiles pour commencer :

Larousse : Initier, admettre parmi les adeptes d'une religion, d'une secte au moyen de certains rites. Amener à une première connaissance.

Dictionnaire des Symboles : L'initié passe d'un monde à un autre […] ; il devient différent. L'initiation opère une métamorphose […] ; c'est le franchissement d'une porte donnant accès ailleurs.

Surgissent des connotations de mystères, d'épreuves et de rites secrets, d'ordres supérieurs. Le récit confirmera-t-il ces interprétations initiales ?

• Camille ou l'initiatrice

Autour du personnage de Mme Dalleray le champ lexical du mystère dévoilé s'étend. « Une révélation venait de tomber, foudroyante, entre mon enfance et ma vie d'aujourd'hui » (p. 125) se souvient Phil quelques jours après être sorti de Ker-Anna pour la première fois en pleine nuit. « c'est… un tel secret… si grand » (p. 112) confie-t-il, hésitant, à Vinca en faisant allusion à ce qui s'est passé dans la villa de la dame en blanc.

Pour Philippe, Mme Dalleray restera « celle qui l'avait délivré d'un secret redoutable » (p. 74), « une belle démone » qui lui avait remis « un don » (p. 72).

Camille apparaît bien comme une initiatrice. Philippe ne s'y trompe pas, qui l'appelle à plusieurs reprises « ma maîtresse et mon maître » (p. 95), mêlant dans son esprit le plaisir physique qu'elle lui a donné et la science amoureuse toute neuve qu'elle lui a révélée. Et le blanc de la Dame prend tout son sens : « c'est la couleur initiatrice, celle de la révélation […] qui éblouit, en éveillant l'entendement [1]»

---

1. *Dictionnaire des Symboles*, p. 127.

LE ROMAN D'APPRENTISSAGE

On nomme « roman d'apprentissage » tout récit qui fait suivre au lecteur l'itinéraire d'un héros adolescent ou d'un jeune homme affrontant la vie. La découverte de l'amour, du pouvoir, du rôle de l'argent, des mœurs sociales et politiques… constitue autant d'étapes qui permettent au héros de faire des choix, de multiplier les expériences, de se construire. Bien des romans du xixᵉ siècle obéissent à cette construction. Parmi les plus célèbres, on peut citer :

– *Le Père Goriot* de Balzac (héros : Eugène Rastignac),

– *Le Lys dans la vallée* de Balzac (héros : Félix de Vandenesse),

– *Les Illusions perdues* de Balzac (héros : Lucien de Rubempré),

– *Le Rouge et le noir* de Stendhal (héros : Julien Sorel),

– *L'Éducation sentimentale* de Flaubert (héros : Frédéric Moreau).

Le récit de Colette ne peut à proprement parler rentrer dans cette catégorie :

– Philippe fait essentiellement au cours de l'été l'apprentissage de l'amour physique.

– Colette ne limite pas la construction au seul itinéraire de l'adolescent. Elle y joint intimement les découvertes de Vinca.

Cependant, bien des aspects apparentent *Le Blé en herbe* avec le genre du « roman d'apprentissage ».

• Ker-Anna ou le temple initiatique

À quatre reprises, l'auteur insiste sur la couleur blanche de la route qui mène à Camille Dalleray. Dans la nuit, temps propice aux initiations, le chemin brille, blanc dans l'obscurité (p. 68) comme pour baliser la voie vers la connaissance. Car tout dans la villa et les actes qu'elle abrite rappelle le temple initiatique et ses mystères :

• Les marches et le perron, qui représentent dans les cérémonies initiatiques le premier stade des rites [1], tout d'abord et le postulant qui les gravit en suivant son guide de blanc vêtu :

> Pendant qu'il gravissait, derrière la robe blanche, un perron [...] (p. 44)

• Puis vient le passage rituel de la lumière à l'obscurité, symbolisant la naissance d'un être nouveau [2] : « [...] perron éblouissant » qui s'oppose à « une pièce noire » (p. 44).

• On identifie encore la porte qui est si basse que le profane en pénétrant doit se courber pour marquer la difficulté du passage [3] :

> Il aspirait à la crainte [...] qui l'avait courbé sur un seuil [...] (p. 113)

• Voici enfin la porte du temple : elle s'ouvre pour accepter le postulant, ou elle se referme lorsque l'initiatrice se rend compte qu'il n'est pas prêt à recevoir la connaissance (p. 51 - 52).

Activités

1. Recensez les éléments – personnages, construction temporelle, thèmes – qui permettent de lire Le Blé en herbe *comme un « roman d'apprentissage ».*

2. Quelles définitions donneriez-vous des deux termes « apprentissage » et « initiation » ?

---

1. *Dictionnaire des Symboles*, p. 464, entrée Franc-maçonnerie.
2. Ibid, p. 782, entrée Porte.
3. Ibid, p. 782.

La situation même de Ker-Anna est chargée de sens.

Sur la route qui le ramène de Saint-Malo, au début du chapitre 8, Phil, fatigué s'arrête au pied d'un mur (p. 42) qui est le mur d'enceinte de la villa. À l'angle de ce mur (p. 44) la porte s'ouvre directement sur la route, donc vers la terre et, nous l'avons vu au chapitre 3, vers les hommes et l'âge adulte.

Tout le chapitre 14 se situe dans une pièce de Ker-Anna d'où l'on peut apercevoir la mer ; par la baie grande ouverte et qui donne directement sur la mer, parvient « l'odeur des petites moules bleues » (p. 77). La villa s'ouvre donc vers cette mer qui représente la jeunesse, l'enfance pour un temps retrouvée.

Cette spatialisation de la chambre marque ainsi la situation charnière du lieu. Elle souligne d'autant plus fortement la symbolique initiatique de cet espace qui permet le passage entre deux âges. Et c'est dans cette maison située là où finit l'enfance et où commence l'adolescence que le narrateur situe un moment clé du roman :

> Une main ferme et veloutée se posa sur la sienne. Alors, sans qu'il quittât [...] la mer ternie, une expression d'agonie bienheureuse monta de sa bouche desserrée à ses yeux […] (p. 73)

Activités

1. Relevez dans cet épisode central les indices qui indiquent que le personnage de Phil est à un moment important de sa vie.

   Où est son regard ? Où est sa main ?

2. Expliquez « expression d'agonie ». Qui est en train de mourir symboliquement ? Qui va renaître ?

3. Justifiez « bienheureuse ». D'où peut venir, pensez-vous, ce parfait bonheur ?

4. Commentez le symbole contenu dans la position de Camille qui, accoudée à la baie, masque la vue de la mer à Philippe.

5. Montrez qu'en cette fin de chapitre (p. 77) elle apparaît comme une initiatrice.

Colette a su évoquer cet instant d'intense émotion : l'enfant Phil sent naître au fond de lui l'adolescent, presque homme, Philippe Audebert.

Camille ouvre la voie qui sera longue, pour qu'un jour Philippe se réveille adulte. La « dame en blanc » devait venir pour offrir au jeune garçon « la dramatique et nécessaire ivresse d'une première aventure » (p. 80). Mais elle est partie « sans avoir tout dit » (p. 126) au grand désespoir de Phil qui ignore « qu'un jeune homme ne se délivre pas de l'enfance et de la chasteté par une seule chute mais qu'il chancelle encore […] pendant de longs jours » (p. 84).

Quelqu'un d'autre doit apparaître pour poursuivre la leçon au « petit passant novice et bien tourné » (p. 55).

• Vinca, un autre visage de l'initiation

« Tu ne le crois pas que j'en sais autant que… » (p. 112). Le narrateur suspend la phrase et le lecteur s'interroge. Pourquoi Phil ne veut-il pas que le prénom de Camille soit prononcé ?

Il y a des détails que le lecteur remarque à peine, discrètement mais sûrement semés par l'auteur : les pins bleus, couleur de Vinca, font place à des trembles blancs, couleur de Camille sur les murs de Ker-Anna (p. 42), villa de l'initiation ; alors que ses vêtements sont généralement bleus, Vinca sera pour la première fois vêtue de blanc le matin même qui suit la première nuit d'amour de Phil. Les couleurs symboles se succèdent et se répondent comme si, autour de Phil, « l'ordre impénétrable » se mettait en place. Un épisode important hisse Vinca au rang suprême d'initiatrice. La mise en scène conçue par le narrateur est d'une grande cohérence :

Ⓐ   Phil, étouffant dans sa chambre, est sorti de la maison paternelle en ne refermant pas la porte derrière lui ; c'est la première nuit où Camille n'est plus là.

La lune est « en son premier quartier, courbe et rougeâtre » (p. 116). Après trois nuits où elle a disparu, comme morte, la lune reparaît et grandit : le symbole de renaissance, d'accès à un nouvel état, apparaît avec évidence.

La date que le lecteur doit reconstruire est décisive. Si nous nous souvenons de la remarque de Phil (p. 72) : « c'est toujours le 25 septembre que nous devons rentrer » et si nous avons présent à l'esprit que la valise de cuir dans la chambre de Phil est « préparée pour le départ le surlendemain » (p. 115), il nous est facile de conclure que c'est la nuit du 23 septembre, nuit de l'équinoxe d'automne, ce moment où la nuit et le jour s'équilibrent en attendant que les passages célestes s'accomplissent. Notons encore qu'il est minuit, plus tout à fait hier, pas encore demain (p. 120).

« Tu as refermé la porte vitrée ? » (p. 118). Devant la réponse négative de Phil, c'est à Vinca, dans cette nuit chargée des symboles du passage que revient de fermer la porte de l'enfance et d'ouvrir celle du jardin (p. 119) qui donne sur la couche de sarrasin, c'est-à-dire sur les prémices de l'âge adulte.

Le double geste prend tout son sens symbolique et élève bien la jeune fille au rang d'initiatrice au même titre que Camille Dalleray : « Passe, Phil, je tiens la porte ».

Camille, Vinca… Les mots trouvent leur écho à travers les pages, les situations se répondent lorsqu'il s'agit de l'initiation de Philippe :

Activités

* Relisez le chapitre 16 (p. 116 à 123). Datez précisément le jour où est censé se dérouler cet épisode. Relevez tous les indices spatio-temporels qui font de cet épisode nocturne une étape capitale dans l'apprentissage des deux adolescents.

– « la nécessaire ivresse » (p. 80) trouve un écho dans « la bouche inévitable » (p. 122) ;

– « une habileté féminine » (p. 121) évoque immédiatement « savante dès le premier choc » (p. 122) ;

– « c'est un tel secret » (p. 112) prépare « l'empressement que suit cette bouche à prodiguer son secret » (p. 121).

À l'aveuglement qui saisit Phil à Ker-Anna (p. 44) correspond « un hôte aveugle » (p. 120).

Mais si les correspondances sont nombreuses, quelques différences se font jour. Vinca n'est pas Camille et l'initiation prend une tout autre dimension.

Si durant son parcours initiatique Phil trébuche (p. 44) à Ker-Anna, personne ne le retient. Dans le jardin où Vinca le guide, il bute contre un obstacle et Vinca le retient par la main.

À Ker-Anna on peut pleurer d'angoisse (p. 44), dans le jardin on peut pleurer de plaisir (p. 118).

À Ker-Anna, Camille ordonne (p. 55) ; sur la couche de sarrasin Vinca prie (p. 121).

Les deux trajets initiatiques pourraient sembler opposés mais ils se révèlent complémentaires, car ils représentent deux étapes successives sur le chemin de l'âge adulte. Ces deux étapes pourraient se trouver résumées dans ces deux reflexions de Philippe :

– « C'est ma maîtresse, ce n'est pas mon amour » (p. 90) et le rôle de Camille semble achevé ;

Activités

* Cherchez dans l'épisode nocturne du chapitre 16 les éléments qui font écho aux expressions suivantes :

   – « il heurta du pied un meuble mou, chut » (p. 44) ;

   – « un petit rire démoniaque », « venu d'une direction incertaine » (p. 44) ;

   – « un antagonisme ébloui et circonspect » (p. 55).

– « Puisqu'une femme que je ne connais pas m'a donné cette joie si grave [...], que ne fera pas pour nous notre amour ? » (p. 124) et le rôle de Vinca commence.

❏ « Sa nouvelle figure d'homme » *(p. 62)*

Sous ces mots, se sentent les bouleversements survenus dans la vie de Philippe et qui ont commencé à marquer son visage d'enfant pour lui donner le modelé, les expressions d'une figure d'homme. Placés à la fin du chapitre 11, ils nous font considérer ce chapitre comme le pivot du roman : évoquant un enfant au début, décrivant un homme en devenir à la fin, c'est bien le chapitre du passage, de la modification.

« Affronter, dans un miroir, sa nouvelle figure d'homme », moment exceptionnel qui permet en un seul instant de vivre le passé, le présent et le futur, de lire ce qui a disparu à jamais, de regarder ce qui s'est transformé et qui donne à imaginer les traits à venir ; moment exceptionnel, charnière de la vie.

• Le chapitre du passage

La vision d'ensemble du tableau (p. 92-93) indique que dans tous les chapitres le thème « du passage » est évoqué ; le chapitre 11 apparaît comme le couronnement et l'accomplissement du thème fondamental du récit de Colette.

Ce chapitre apparaît par sa position et son contenu comme la conclusion des cinquante-deux pages qui le précèdent et comme l'introduction aux soixante-quatre pages qui le suivent : Phil a franchi « une porte vitrée, fermée au loquet, une barrière de bois » (p. 57) et s'est enfui vers Ker-Anna, seule conclusion logique de la scène commencée à la fin du chapitre 10 ; et le lendemain, la douleur et la « faiblesse suspecte » du garçon auront une « modulation nouvelle » (p. 67) que Vinca saura percevoir et qui aura pris 𝔸 naissance en cette nuit au sortir des bras de Camille.

Trois remarques vont nous aider à considérer ce chapitre 11 comme le chapitre décisif du « passage » :

– Il est le seul chapitre où l'on peut relever un exemple de la narration qui ne suit pas l'ordre de la fiction. Le narrateur, usant du procédé du retour en arrière peut insister ainsi sur une scène particulièrement lourde de conséquences : la longue marche du « garçon de seize ans sur le chemin de sa première aventure » (p. 58). Le moment est important pour le personnage ; l'épisode est fondamental dans l'architecture du roman.

Le procédé narratif a un autre effet : le personnage réfléchit à ce qui vient de se passer, pense à l'acte que Camille et lui ont accompli. La scène d'amour est ainsi revécue, donc mise à distance et de ce fait épurée de tout ce qui pourrait la salir. Seuls subsistent les instants éblouissants qui ont fait passer l'adolescent des derniers moments de l'enfance aux premières esquisses de ses joies d'homme.

– Par ce va-et-vient entre le présent et le passé la narration souligne le double mouvement de Phil dans l'espace : passage de la maison familiale vers Ker-Anna ; initiation à l'amour physique ; passage de Ker-Anna vers la maison et « franchissement du seuil de la villa […] pour affronter dans un miroir, sa nouvelle figure d'homme… » (p. 62).

– Si nous comptons les lignes (175) de ce chapitre, il est intéressant de constater que la phrase clé se trouve exactement à cheval sur les lignes 87 et 88 : « du moins, cette tourmente qu'il venait de traverser, il la laissait derrière lui » (p. 59).

Comment mieux exprimer qu'un seuil vient d'être franchi ?

Activités

- *Faites un relevé exhaustif des références au thème du passage dans le chapitre 11. Commentez-les. Dans quelles colonnes du tableau (voir pages suivantes) les classez-vous ?*

𝔸1, 2, 3
(voir p. 94)

			JALONS TEMPORELS	LA MESURE DES HOMMES	LA MESURE DE LA NATURE
		LE TEMPS MESURÉ			
1	(5)	LA CREVETTE	X		
2	(4,5)	VINCA			
3	(5,5)	EN ATTENDANT		X	
4	(5)	DAPHNIS			
5	(6)	DRAMES	X	X	X
6	(5,5)	SÉRÉNITÉ		X	X
7	(5)	LES OMBRES	X		
8	(6)	L'ANTRE			X
9	(5)	LES CHARDONS			X
10	(5)	LA SOUMISSION			
11	(5)	NOCTURNE	hier aujourd'hui	deux heures	l'aube venait
12	(5)	FAIBLESSE	X	X	
13	(5)	PARDON	X	X	X
14	(5,5)	LA QUÉMANDEUSE		X	
15	(5)	LA COMPARAISON	X		X
16	(40,5)		X	X	X
17	(3,5)				

| LES TRANSITIONS | | LE ROMAN DU PASSAGE | | | L'INITIATION | |
UN LIEU CHARNIÈRE	UNE ÉPOQUE CHARNIÈRE	LE TEMPS REMONTÉ	LA SYMBOLIQUE DU PASSAGE	LES DÉPLACEMENTS CLÉS	CAMILLE L'INITIATRICE	KER-ANNA LE TEMPLE
	X		X			
	X					
	X					
X	X					
X			X	M → O		
X	X	X				
	X					X
				M → KA		X
	X			M → KA		X
la marée au bas du pré	une vie révolue	son doux pays	la barrière blanche	M → KA KA →M	une main une bouche de femme	avec crainte vers KA
	X		X			
		X			X	X
					X	X
						X
X	X	X	X	M → J	X	X
	X					

M = maison de Phil et Vinca ; KA = Ker-Anna ; O = océan ; J = jardin.

• Le chapitre de la modification

Le Phil qui va rentrer dans la villa de son enfance n'est pas
le même que l'être qui en est sorti quelques heures plus tôt,
et ne sera plus jamais le même. Le narrateur souligne cette
transformation irréversible :

> Il se leva, avec un effort physique pour se reconnaître,
> pour obliger celui qui venait de se reposer là […] à être le
> même que celui qui, la veille, se tournait avec crainte vers
> *Ker-Anna* […]. Mais il ne le put. (p. 60)

A4 Un seul exemple nous suffira pour montrer la profonde
modification qui s'est faite chez ce jeune garçon, dont les
mains sont devenues « plus douces que de coutume » (p. 61)
d'avoir touché un autre corps, dont les lèvres sont plus
rouges d'avoir baisé « une bouche rougie » (p. 62) : c'est la
vision qu'a Phil de Vinca au début et à la fin du chapitre.

Avant de se précipiter « sur l'autre versant » qui le mène
à Ker-Anna, Phil considère Vinca comme le pré-adolescent
qu'il est encore : petite amie, camarade de jeux, amie idéali-
sée [1] : « Il l'avait vue si souvent dormir, depuis leur enfance »
(p. 58).

Activités _____

1. *Pour chacune des cases marquées d'une croix, trouvez une citation ca-*
   ractéristique.

2. *Montrez et justifiez dans l'étude du thème du passage l'importance des*
   chapitres 11 et 16. Mettez en évidence les différences qui existent entre
   ces deux chapitres.

3. *Vérifiez l'exactitude de vos hypothèses (voir chap. 1, p. 22) sur les titres*
   des chapitres du roman.

4. *Comment comprenez-vous l'adjectif « méconnaissable » dans la*
   phrase : « la pensée de Philippe réintégra le décor familier et mécon-
   naissable » (p. 59) ?

_____

1. Voir le dossier « Les métamorphoses de l'adolescence », *Les Sciences
humaines*, n° 33, nov. 93.

Vinca couchée dans un lit n'évoque, avant Ker-Anna, qu'une « enfant qui dort, tournée un peu de côté, la figure sur son bras » (p. 58).

Après Ker-Anna, la terrible vérité s'abat sur lui, à l'évocation de l'épaule nue de la jeune fille : la période édénique de leur fraternité asexuée a pris fin pour toujours :

> [...] et la forme du long corps vigoureux de son amie [...] lui apparut pour le frapper de stupeur. (p. 61)

Nous sommes loin maintenant de la vision pré-adolescente de « Vinca, la petite amie de son cœur » (p. 48). Initié, il sait « aujourd'hui » ce qu'il ignorait « hier », et, « pâli d'un (nouvel) enseignement » (p. 61) il sait ajouter une dimension sexuelle au verbe « appartenir ». Tout son comportement envers Vinca va s'en trouver modifié.

• Le chapitre de la charnière

Phil est prisonnier de deux images, l'une perdue à jamais : un « doux pays de tous les étés » (p. 59), une période de « quinze années pures, suspendues à [...] une enfant qui à ses côtés grandissait » (p. 60) toute blonde, et une autre qu'il se refuse à admettre, devant laquelle il recule « de tout son être » (p. 62) tant elle lui semble insensée : Vinca et lui unis par d'autres liens que leur tendre amitié de « jumeaux amoureux et purs » (p. 124).

Il n'a plus à lui que son présent, mais l'étude des champs lexicaux colore ce présent de bien graves couleurs : « anéantissement d'un univers tranquille, orage, dard aigu, climats traîtres, cataclysme, tourmente, stupeur » (p. 59).

Activités

• À ces mots du chapitre 16 correspondent, par exemple, les mots « douleur, souffrir, défaillir de faiblesse, trembler... » de la page 67.

Trouvez d'autres correspondances, justifiez-les, donnant ainsi toute sa valeur de charnière au chapitre 11.

Colette abandonne Phil à la croisée de ses chemins. Le geste qu'il accomplira au chapitre 16 l'exorcisera-t-il, en le mettant définitivement sur la voie de l'âge adulte ? Sa réaction du chapitre 17 laisse planer le doute. C'est peut-être au lecteur, une fois le livre refermé, d'en décider…

Activités

- *« Pendant que tu me tourmentes, au moins tu es là »* (p. 82).

  Ainsi est contraint de s'achever le récit lors de la parution du Blé en herbe *en feuilleton.*

  En quoi cette amputation, demandée par la direction du journal, modifie-t-elle le sens de l'œuvre ?

  Quel personnage vous paraît-il ainsi sacrifié ?

V. LE CHANT DES SENS

Seuil, passages, portes ouvertes, initiations : *Le Blé en herbe* est bien ce récit de l'apprentissage qui conduit de l'enfance à l'âge adulte, de la pluralité des possibles aux choix qu'impose le monde. Quels que soient les manuels ou les études que l'on peut lire sur l'auteur de ce roman, les adjectifs « sensible », « sensuel » fleurissent. On est dès lors en droit de se demander quelle part le narrateur accorde dans l'évolution de ces personnages à la découverte des sens, du monde sensible, des émotions de la sensualité. *Le Blé en herbe*, roman de l'adolescence, est-il celui de l'accès au monde des sensations ? Les personnages principaux – ceux de Phil et de Vinca – nous allons le voir, semblent n'accéder au monde des sens, moins parce qu'ils « grandissent », que parce qu'ils savent garder la sauvagerie, l'animalité primitives ; ainsi Colette fait-elle d'eux et de leur rapport au monde un hymne vibrant – de nature panthéiste ? – à la pénétration de l'univers et de ses sensations mêlées. À la recherche de Vinca, de Philippe et de leur apprentissage sensuel, c'est bien l'écrivain auteur de *Sido*, de *Chéri*, du *Pur et l'impur*, que nous allons rencontrer, sa perception du monde et ses procédés pour en rendre compte.

❑ Sensations

Ⓐ

> Phil soupira, atteint d'un bonheur vague et sans tache auquel la fatigue agréable, la vibration de ses muscles encore tendus par l'escalade, la couleur et la chaleur d'un après-midi breton chargé de vapeur saline versaient, chacune, leur part. (p. 20-21)

Activités

• *Dans un chapitre de votre choix – mais dont vous justifierez l'élection – relevez et classez les différentes sensations que prête la romancière à ses personnages. Quelle vision de chacun d'eux et du monde propose-t-elle ainsi ?*

> [...] sa main libre attira le bras nu, hâlé et salé, de Vinca.
> (p. 9)

Les personnages de Colette ont un corps qui s'ouvre aux sensations du monde, des muscles qui ressentent durablement, une peau qui frémit et que l'on goûte. Étudier le jeu des sens dans ce roman c'est pénétrer dans un univers nourri à chaque ligne des émotions ressenties physiquement par tous les sens.

• Le sel et la soif

Phil hume « la douce pluie marine un peu salée qui voyageait dans l'air comme une fumée » (p. 25). Ailleurs, « le bleu incomparable [du regard de Vinca] emplit Philippe d'une soif d'eau fraîche, d'un désir de lames salées et de brise » (p. 64).

La récurrence du motif du sel doit-elle se lire seulement comme un effet référentiel ? Assurément les vacances estivales sur la côte bretonne imposent dans le récit l'omniprésence de la plage et de la mer, des loisirs (pêche, nage). Mais n'exprime-t-il pas aussi la soif du personnage altéré, avide de boissons rafraîchissantes, de fruits juteux, d'apaisements réconfortants. Aussi n'est-on pas étonné de voir l'une et l'autre des deux héroïnes, maîtresses du goût, désaltérer cette soif profonde.

« C'est une des poires jaunes. Mais elle n'était pas assez bonne pour que je te la donne », annonce Vinca à Philippe. Humilité de la squaw ? Plutôt, exigence de l'initiatrice insatisfaite du goût du fruit proposé au jeune homme.

> Mendiant rebelle à l'humilité et qui pouvait, loin d'elle, songer sans gratitude à la verseuse de boisson fraîche, à la peleuse de fruit dont les mains blanches servaient et soignaient le petit passant novice et bien tourné. (p. 55)

Chez Camille, le lecteur retrouve le même don, mais sans doute remarque-t-il l'insistance, l'exacerbation de la sensation, provoquée, semble-t-il, par le lieu magique où le don se fait :

Il soupira, sincèrement indécis, pris, dès l'entrée à Ker-Anna, d'une sorte de soif, et d'une sensibilité aux odeurs comestibles qui eût ressemblé à l'appétit si une anxiété sans nom n'eût en même temps serré sa gorge. (p. 56)

• Parfums de femme

Ⓐ

Pour reprendre l'expression du narrateur lui-même, « une sensibilité aux odeurs » est manifeste dans *Le Blé en herbe*. Il serait vain de recenser toutes celles qui, venues de la terre, du ciel ou de la mer, parfument le récit : « l'odeur de la moule et l'arôme terrestre des petites brèches » (p. 27), « l'odeur de l'automne, depuis quelques jours, se glissait, le matin, jusqu'à la mer » (p. 31), « une eau sans sel qui sentait la terre » (p. 35) ; « l'odeur des petites moules bleues, découvertes depuis quatre heures au bas des rochers et altérées d'eau de mer, entraient avec l'épais parfum de sureau bouilli qu'exhalaient les troènes à bout de floraison » (p. 77).

Mais, dans le récit, l'odeur est souvent fortement liée à la sexualité. Rappelons-nous cet épisode : la jambe nue de Vinca s'envole au-dessus de la tête de Philippe agenouillé devant elle pour lui rattacher la sandale :

> Il perçut l'odeur d'esprit de lavande, de linge repassé et d'algue marine qui composait le parfum de Vinca [...] (p. 53)

Plus tard, c'est par une métamorphose du parfum du corps que le narrateur suggère l'évolution du personnage, que la douleur émancipe et transforme :

> La colère avait exprimé, de cette fillette surchauffée, une odeur de femme blonde, apparentée à la fleur de bugrane rose, au blé vert écrasé, une allègre et mordante odeur [...] (p. 105)

Activités

• *Recensez dans quelques chapitres les parfums liés à l'une ou l'autre des héroïnes féminines du récit. Quels aspects de leur personnalité ces annotations soulignent-elles ?*

Ker-Anna, avec ses coupes de fruits et de fleurs, « la fumée verticale d'un parfum », est le lieu sacré où la sensation olfactive est fortement évocatrice du corps désiré :

> Il se méfiait aussi du parfum fort et résineux qui imprégnait *Ker-Anna* et le corps, qu'il fût nu ou voilé, de celle qu'il nommait tout bas […] sa maîtresse, et parfois son « maître »... (p. 83)

Dans l'univers du *Blé en herbe*, l'odeur est sexuée. Vinca elle même identifie celle de Philippe, comme celle d'un homme :

> [...] il respira, hostile et délicat, l'odeur que Vinca nommait « l'odeur de garçon » : livres classiques, valise de cuir préparée par le départ le surlendemain, bitume des semelles de caoutchouc, savon fin et alcool parfumé. (p. 115)

Perception du corps de l'autre, de son parfum, de ses odeurs, la sensation olfactive semble annoncer des rapprochements, amorcer la rencontre que le toucher va authentifier.

• Jeux de mains

Les personnages découvrent la nature et la présence de l'autre par toutes les parties de leur corps, souvent dénudées, toujours libérées de toute contrainte :

> Elle se pencha davantage, et ses cheveux battirent, comme une aile courte et prisonnière, la joue de son compagnon. (p. 9)

> Mais le pêcheur tardait, savourant peut-être l'immobilité du bras docile à sa main, le poids d'une tête voilée de cheveux qui s'appuya, un moment vaincue, à son épaule, puis s'écarta, farouche... (p. 9)

> Il se laissa glisser, épousa délicieusement, de son torse nu, l'ornière de sable frais. (p. 20)

> La brise de mer le poussait, et les deux longues descentes plaquaient à sa poitrine demi-nue une fraîche écharpe d'air agité. (p. 41)

La main est évidemment l'instrument privilégié de la prise de conscience de l'autre, de la prise sur l'autre, frôlé,

touché, caressé, saisi. On a pu recenser plus de cinquante occurrences du mot « main » dans le roman de Colette. La
main, toujours tendue vers l'autre, traduit cependant des
mouvements divers, voire opposés. Amicale, confiante, elle
peut aussi devenir piège :

> En même temps il lui offrait la main pour franchir le
> mauvais couloir de rochers [...] (p. 7) Ⓐ

> Le voici prévenant, charmant, et il vient de lui offrir la
> main comme à une dame… (p. 8)

> Vinca, penchée sur Lisette, soignait quelque écorchure,
> tirait une épine d'une petite main levée et confiante…
> (p. 35)

> D'une main, elle lui saisit le poignet, de l'autre main elle
> releva, jusqu'au coude, la manche de Phil et garda ferme-
> ment, dans sa main chaude, le bras nu. (p. 56)

Ainsi le motif de la main traduit-il dans son omniprésence
et son ambiguïté l'ambivalence des relations entre les êtres :
désir et peur, attrait et hésitation, captation et fuite :

> Elle le désigna, de la main ouverte, comme font les en-
> fants qui se chamaillent. (p. 110)

> Elle posa sa main sur les cheveux noirs que le vent re-
> broussait […] (p. 18)

❑ L'éveil des sens ?

On le voit : le toucher, l'odorat, le goût, intensément res-
sentis par les personnages sont présents du début à la fin d'un
roman que nous avons lu comme le récit d'un apprentissage.

Activités

1. *Recherchez les épisodes du récit dans lesquels les vêtements (maillots,
   robes, étoffes diverses) favorisent la perception des sensations et les
   exacerbent.*

2. *Cherchez dans un chapitre choisi par vous le rôle de la main. Quelles
   relations entre les personnages, quelles relations au monde traduit
   cette insistance ?*

Faut-il en déduire qu'une évolution est perceptible des premières scènes – que baigne encore l'innocence de l'enfance
– aux dernières où l'expérience de l'amour, du plaisir et de
l'angoisse a transformé les êtres ? Phil et Vinca devenant
adultes « sentent »-ils mieux ? autrement ? Colette, écrivant
l'itinéraire d'une transformation a-t-elle voulu construire le
récit d'un éveil au monde des sensations ?

Il serait vain de chercher une quelconque évolution dans
la perception que les enfants ou les adolescents ont du
monde, des choses, et des autres. Les personnages de Colette
sont de bout en bout des êtres sensuels, aux aguets, ouverts
aux émotions. Quelques épisodes cependant sont plus trou-
blants et méritent analyse.

• Perdre ses sens

> La voix, les paroles intermittentes s'éteignirent dans un
> doux bruit d'eaux envahissantes. Philippe ne perçut plus
> rien, qu'un choc faible à l'épaule et un picotement d'herbe
> sèche contre sa joue. (p. 95)

> Elle dit non de la tête, les yeux refermés, avec une fu-
> reur soudaine, comme si elle refusait à jamais le boire, le
> manger, le vivre… (p. 29)

Par deux fois, pour l'un et l'autre des personnages adolescents, Colette met en scène une perte de sensations. Quel en
est le sens ? Est-ce une fuite ? La métaphore d'une extase ?
L'éblouissement d'un bonheur trop fort ? Ou au contraire la
volonté de se couper du monde ? De retourner dans l'enfance ? De ne plus affronter la réalité, et les choix douloureux qu'elle impose ? Autour d'eux, le monde réel semble
s'effacer : « … Ils refermèrent, ensemble, le judas par lequel,
retranchés dans l'amour, ils communiquaient parfois avec la
vie réelle » (p. 40).

Ainsi, l'évanouissement devient le signe de la difficulté
pour l'adolescent d'accepter et de dominer le vertige des sensations qui déferlent, brutales. Sous la plume de Colette, les
images d'orage, de déchaînement, de cataclysme construi-

sent un réseau cohérent qui exprime la puissance de l'émotion. Nous empruntons à un long développement (p. 58 - 60) un extrait significatif ; Philippe hésite à découvrir :

> [...] le lieu, le climat où tournoyait un indiscernable orage de couleurs, de parfums, de lumières dont la source dissimulée épandait un dard aigu ou une nappe pâle et restreinte [...] Lieu, climat traîtres où une main, une bouche de femme déchaînaient à leur gré l'anéantissement d'un univers tranquille, le cataclysme qu'avait béni – comme le pont lumineux qui se lève dans le ciel après la foudre – l'arc d'un bras nu. (p. 59)

Faut-il interpréter les tentations du suicide comme l'ultime évanouissement, le dernier recours ?

Mais ces instants sont plutôt rares dans le roman. Les personnages de Colette sont animés d'un instinct de vie, d'un appétit qui, loin de les conduire à un repli sur eux-mêmes, leur ouvrent les portes du monde extérieur.

• Pénétrer le monde

L'acuité des sensations se retrouve même dans les épisodes les moins attendus : évanouissement, sommeil. La perte progressive des sens éveillés devient – par un paradoxe qui ne choque pas Colette – l'occasion d'une découverte sensorielle d'une grande richesse. Ainsi, le glissement dans le sommeil autorise l'évocation d'une expérience profonde qui permet au personnage d'entrer en communion, en osmose avec la nature, de se glisser en elle : qui envahit l'autre dans cette lente et bienheureuse descente ?

Dans le paragraphe suivant, le jeu des pronoms laisse planer une ambiguïté : le sujet est-il Philippe ou son rêve ? Influencé encore par les bruits au début, et autour desquels il construit ses songes, il perd conscience et n'est plus que le jouet des conditions d'éclairage, « l'éclat de midi et la lumière verticale ». La nature, si on la suit, si l'on vit en harmonie avec elle, sait nous donner le « moelleux du plus noir repos ».

> Son rêve viril où l'amour, devançant l'âge de l'amour, se laissait lui-même distancer par ses fins généreuses et simples, fonça vers des solitudes dont il fut le maître. Il dépassa une grotte – un hamac de fibres creusé sous une forme nue, un feu rougeoyant qui battait de l'aile à ras de terre – puis perdit son sens divinatoire, sa puissance de vol, chavira, et toucha le fond moelleux du plus noir repos. (p. 36)

La vie éveillée est évidemment le temps privilégié de cette attention au monde :

> Il tendit l'oreille, entendit dans la cuisine le bruit hivernal du charbon versé dans le fourneau. (p. 78)

> Une sirène, un peu plus tard, beugla très loin, sur la houle noire [...] (p. 114)

> Le vent laissait en repos la mer, mais chantait sous les portes avec une voix faible et tentatrice [...] (p. 78)

Colette saisit ainsi les personnages à l'affût du monde et de ses bruits, autant ceux ténus ou humbles, domestiques, que les rumeurs qui mêlent les éléments fondamentaux.

De même, la vue est sollicitée comme la sensation privilégiée de préhension de l'univers, mais aussi de l'autre et de ses mystères. Les exemples abondent :

> Philippe la regardait marcher, comparant l'une à l'autre Vinca de cette année et Vinca des dernières vacances. (p. 5)

> Vinca cessa de coudre, pour admirer son compagnon harmonieux que l'adolescence ne déformait pas. (p. 16)

> Elle attendit une excuse qui ne vint pas, car Phil, occupé à la regarder, la remerciait vaguement en lui-même d'être encore une fois vêtue de blanc [...] (p. 50)

> Philippe, las [...] la suivait d'un regard vindicatif [...] (p. 66)

Ailleurs « Philippe la regardait sans gratitude, en souffrant hostilement » (p. 80).

Activités

- *Recherchez dans les scènes qui se déroulent à Ker-Anna le rôle que le narrateur confère au regard. En quoi cet espace romanesque est-il un lieu privilégié ?*

Ker-Anna est évidemment le lieu privilégié, le sanctuaire dans lequel la sensation devient plus aiguë encore :

> Philippe contempla, avec une défiance religieuse, celle qui l'avait délivré d'un secret redoutable. (p. 74)

> Phil l'écoutait avec une attention loyale d'écolier, ses yeux grands ouverts attachés à cette bouche réticente, à ces yeux jaloux qui, pourtant, ne revendiquaient rien. (p. 76)

« Contempla », « ses yeux grands ouverts », « écoutait avec attention » : toutes ces expressions paraissent être contenues dans l'adjectif « attachés » qui traduit l'acuité et l'intensité de la sensation, la tension du personnage à la goûter, à la connaître. D'où viennent chez les personnages de Colette ces appétits aiguisés, ces soifs passionnées ?

• Naître

On peut risquer l'hypothèse que ces êtres, adolescents à peine sortis de l'enfance, sont bruts, très proches du primitif, que marquent en eux leur caractère animal et leur liaison profonde avec les éléments naturels primordiaux :

> Il essuya, de la main, sa cheville qui saignait, écorchée, et lécha sur sa main le sang et l'eau marine qui mêlaient leur sel. (p. 21)

Le narrateur souligne le rapport étroit, consubstantiel, entre l'élément naturel marin et le sang de l'enfant, intimement mêlés. Ce n'est plus seulement l'épiderme de Philippe que salent les embruns ; la substance même qui coule dans ses veines a le goût de l'eau de mer, comme si elles venaient des mêmes origines.

Le héros est en communion directe avec l'univers, l'épisode de la vive en témoigne :

> [...] la fièvre qu'il eut le lendemain du jour où, piqué par une vive, il sentait dans son bras pansé la brûlure qu'y réveillait la marée montante... (p. 70)

Les comparaisons – notamment avec les animaux – soulignent les liens que les deux adolescents entretiennent avec le monde naturel :

Elle fit un cri d'oiseau irrité, perçant, imprévu, dont Philippe tressaillit […]

Elle s'était appuyée sur ses deux mains ouvertes, presque à quatre pattes, comme un animal.

Elle criait, à l'aise dans sa fureur féminine comme un pétrel sur une rafale. (p. 102)

Il arrivait qu'elle flairât l'air […] (p. 54)

Il se coucha dans un pli du pré sec, roulé sur lui-même à la manières des jeunes chiens de chasse qui souffrent de « la maladie », et il commença à gratter l'herbe sableuse [...] (p. 89)

Philippe et Vinca assurément, au cours de l'été que leur ménage l'auteur dans son roman d'apprentissage, évoluent, changent, bougent. Mais nous les retrouvons ici fidèles aux origines, proches d'une animalité brute et innocente, mêlant leur sang à l'eau de mer sororale, êtres de la terre, de la mer, et du ciel. Comment expliquer cette permanence dans ce récit de la transformation ? La réponse est très certainement dans la singularité du regard que l'auteur porte sur le monde, la nature et les êtres. C'est dans l'écriture de Colette et dans sa conception de la nature que nous pouvons trouver les clés de cette apparente contradiction.

❏ Un hymne à la Nature

• Visions

Le temps du roman est rythmé par des descriptions rapides qui lie le récit aux cycles du jour et des saisons, au cycle du monde :

Activités

• *Recensez dans les épisodes de la fiction ou les comparaisons utilisées par le narrateur les animaux qui « peuplent » l'univers du Blé en Herbe. Quelle interprétation donnez vous de leur présence ?*

Le jour était loin encore, mais déjà une moitié de la nuit, plus claire que l'autre, divisait le ciel. (p. 60)

Il y eut ainsi une série de jours immobiles, sans vent, sans nuages, sauf des « queues-de-chat » laiteuses, lentes, qui paraissaient vers midi et s'évanouissaient. (p. 32)

Une éclaircie retint l'averse dans la nue, entrouvrit au-dessus de l'horizon une plaie lumineuse, d'où s'épanouit un éventail renversé de rayons, d'un blanc triste. (p. 26)

Août finissait, et l'on dînait déjà à la lueur des lampes, les portes ouvertes sur le couchant vert où nageait encore un fuseau de cuivre rose. (p. 68)

Jeux de lumières, touches de couleurs, horizons qui s'ouvrent, contrastes et clairs-obscurs composent des tableaux qu'animent non pas les personnages – relégués au second plan – mais la nature elle-même, personnifiée, vivante, active : tous ses éléments participent à un mouvement ample et calme à la fois.

Les mouettes crièrent, et un chapelet de barques s'égrena, une voile après l'autre sortant de l'ombre du Meinga et gagnant la haute mer. (p. 98)

Une rosée tenace étincelait au pied des haies, et si Vinca ramassait, à midi, quelque feuille de tremble, mûre et tombée avant son heure, le revers blanc de la feuille encore verte était humide et diamanté. (p. 31)

Une pluie légère, pendant quelques heures de nuit, avait vaporisé les sauges, vernissé les troènes, les feuilles immobiles du magnolia, et emperlé sans les crever les gazes protectrices dont s'enveloppait, dans un pin, le nid des chenilles processionnaires. (p. 78)

Grands arbres ou humble feuille, air et eau, oiseau et chenille, la nature tout entière semble embrassée du regard, perçue par tous les sens. Des hauteurs du ciel où jouent le vent, la pluie, les grands espaces des nuages, à la branche où se

Activités

• *Dans les phrases relevées ou sur d'autres exemples choisis par vous, repérez les comparaisons, les métaphores et analysez le rôle qu'elles jouent dans la personnification des éléments du décor.*

perçoit l'enveloppe des modestes larves, les descriptions tissent les liens, suggèrent des accords, lisent les correspondances.

• Correspondances

Le récit de Colette souligne à maintes reprises l'accord des personnages et de la nature qui s'offre à leurs regards. Décor et émotions sont intimement mêlés :

> [Elle] arrosa avec soin un fuchsia pourpré qui fleurissait le balcon de bois. Elle consulta le ciel frais et bleu, qui promettait le beau temps, et se mit à chanter une chanson [...] (p. 125)

> Elle se détourna vers la fenêtre et retira doucement sa main :
> – Laisse-moi. Je suis découragée.
> La grande marée d'août amenant la pluie emplissait la fenêtre. (p. 25)

Après une dispute entre les deux enfants, lorsqu'il ne reste plus que l'amertume et la tristesse, la nature épouse l'état d'esprit des personnages : « Et le soleil éteint laissait sur l'horizon une longue trace d'un rouge triste » (p. 112).

La nature et les personnages échangent non seulement le registre de leurs émotions, mais aussi le reflet de leurs couleurs et l'écho de leurs noms. De la première apparition de Vinca (deuxième phrase du roman) à la fin, Colette multiplie les « correspondances » entre la jeune fille et les éléments bleutés de l'univers qui l'entoure : la pluie, les fleurs sauvages, la mer…

> D'un signe de tête hautain, la Pervenche, Vinca aux yeux couleur de pluie printanière répondit [...] (p. 5)

> Non loin du buisson d'ajoncs se creusait cette combe ronde, tapissée de chardons de dune, combe qu'à cause de la couleur des chardons bleus on nommait « les Yeux de Vinca ». (p. 84)

> Mais un creux de dune entre la villa et la mer, empli jusqu'au bord de chardons des sables, bleus dans leur fleur, mauves au long de leur tige cassante, méritait de s'appeler « le miroir des yeux de Vinca ». (p. 49)

Les yeux de Vinca luttaient d'azur avec la mer matinale. (p. 125).

L'activité sensorielle est si aiguë qu'elle éveille tout un univers de « correspondances ». Si la vision par les associations colorées parvient à unir les éléments du monde, l'odorat semble le facteur privilégié de l'harmonie retrouvée : ainsi Colette dans maints épisodes retrouve la richesse de l'expérience poétique de Baudelaire.

On distingue deux types de « correspondances » :
les correspondances verticales qui rendent compte
des relations entre le monde matériel et le monde spirituel ; les correspondances horizontales – ou synes-
thésies – qui expriment les relations entre des per-
ceptions relevant des sens différents : son / parfum ;
couleur / musique… Les tercets du poème « Correspondances » en présentent plusieurs exemples.
« Tout, forme, mouvement, nombre, couleur, parfum,
dans le *spirituel* comme dans le naturel, est significatif, réciproque, converse, *correspondant* » (Baudelaire).

Philippe et Vinca, tels que les peint Colette, deviennent
les intermédiaires, les médiateurs d'un monde dont le narrateur rend la richesse par maintes évocations où « les parfums, les couleurs et les sons se répondent » :

> Ils foulaient l'origan poivré et les derniers parfums du
> mélilot. Au dessous d'eux, la mer claquait en drapeaux dé-
> chirés et léchait onctueusement les rocs. (p. 27)

> Le souvenir même du parfum qui fumait dans une coupe
> paralysait, un temps, son appétit, lui infligeait des aberra-
> tions nerveuses :
> – Tu ne trouves, Vinca, que les crevettes sentent le ben-
> join, aujourd'hui ? (p. 48)

> Son hôtesse le servit pourtant, et il huma, sur une petite
> pelle d'argent, la chair rouge du melon poudré de sucre, im-
> prégné d'un alcool léger, à goût d'anis. (p. 56)

Comme chez Baudelaire, les parfums chantent « les trans-
ports de l'esprit et des sens » pour traduire une expérience
poétique ineffable que seul le poète peut exprimer. Une page
magique en offre un exemple remarquable.

• Émotion

> La brise, soufflant de terre, sentait le regain fauché,
> l'étable, la menthe foulée ; un rose poussiéreux, au ras de la
> mer, remplaçait peu à peu le bleu immuable qui régnait de-
> puis le matin. Philippe ne sut pas se dire : « Il est peu

> d'heures dans la vie où le corps content, les yeux récompensés et le cœur léger, retentissant, presque vide, reçoivent en un moment tout ce qu'ils peuvent contenir, et je me souviendrai de celle-ci » ; mais il suffit pourtant d'une clarine fêlée et de la voix du chevreau qui la balançait à son cou, pour que les coins de sa bouche tressaillissent d'angoisse, et que le plaisir emplît ses yeux de larmes [...] (p. 21)

Colette met en scène un personnage dont elle paraît regretter l'extrême jeunesse ; à l'âge de l'adolescence, l'esprit semble impuissant à rendre compte de l'intensité du plaisir qu'on éprouve cependant. Les sens et l'âme – « le corps content » et « le cœur léger » – ressentent puissamment « un délice inespéré » (p. 21), mais qui plongent le personnage dans l'angoisse, tant l'état de plaisir est aigu. Son acuité même le rend effrayant, car inattendue et inexplicable. Dès lors, seul le poète – quelle que soit la forme qu'il choisit – sera capable de rendre compte de la grandeur de l'émotion sensorielle et spirituelle, esthétique. L'homme est celui qui reçoit le message de la Nature ; c'est la mission de l'artiste de l'exprimer.

Le Blé en herbe se révèle ainsi comme un hymne à l'univers et aux émotions qu'il engendre dès que l'être se met en état de les recevoir :

> Il découvrait, non seulement le monde des émotions qu'on nomme, à la légère, physiques, mais encore la nécessité d'embellir, matériellement, un autel où tremble une perfection insuffisante. Il connaissait une naissante faim pour ce qui contente la main, l'oreille et les yeux – les velours, la musique étudiée d'une voix, les parfums. Il ne se le reprochait pas, puisqu'il se sentait meilleur au contact d'un énivrant superflu, et que certain vêtement de soierie orientale, endossé dans l'ombre et le secret de *Ker-Anna*, lui ennoblissait l'âme. (p. 81)

ctivités

- *Relevez dans le passage cité (p. 21) les « correspondances » entre les sensations. Étudiez par quel procédé le narrateur prend le relais du personnage pour exprimer la grandeur de l'émotion ressentie.*

❑ « Le Blé en herbe », le pur ou l'impur ?

31 mars 1923 – Le chapitre 15 paraît dans le Matin et la publication du *Blé en herbe* tourne court. Il n'y aura pas de suite, ainsi l'a décidé la direction du journal apprenant que les personnages de Phil et Vinca allaient connaître leur première expérience commune. Elle a craint la colère des lecteurs, pour qui « tant de liberté alliée à une telle pudeur d'expression, une analyse si pénétrante des mobiles féminins, un tel naturel étaient déjà trop [1] ».

La censure fit donc se terminer le roman sur la phrase de Vinca : « Pendant que tu me tourmentes, au moins tu es là » (p. 82), plus conforme, peut-être, dans la résignation qu'elle exprime, à une certaine idée de la Femme que pouvaient avoir les clients du quotidien.

Mais réduire Vinca au rôle de « la squaw » qui se laisse malmener sans protester trahit le personnage. Arrêter le roman sur ces lignes, prive probablement l'œuvre de son sens : rien n'est laid dans les actes des deux adolescents, rien ne doit choquer. Mais les tabous sont pesants ; ils jugent, ils tranchent : « On assure qu'elles pleurent, après » (p. 123).

Qui est ce « on » péremptoire, qui décide que les filles pleurent « après », qui exige des larmes ? Des larmes pour laver quelle faute ?

Mais « on » se trompe, et le narrateur, d'un revers, balaie les donneurs de leçons : Vinca sourit au beau temps qui s'annonce, contrepoint de sa joie, arrose le fuchsia et chante sa chanson de tous les matins :

> Elle chante… Il faut bien que j'en croie mes yeux et mes oreilles, elle chante. (p. 125)

La petite fille « qui a l'air si naturel » (p. 126) revendique sa féminité et affirme l'authenticité de ses désirs : « Embrasse-moi, Phil, je t'en prie, je t'en prie… » (p. 121). Et si elle rougit, ce n'est que de bonheur, Vinca ne ressent point de honte.

---

1. Maurice GOUDEKET, *Près de Colette*, (Flammarion).

Le corps humain et ses pulsions, semble nous dire Colette, devraient être source de joie.

Prolongements ————————————————————

♦ *Souvent dans l'œuvre de Colette, les personnages masculins se font les partisans d'idées qu'elle aimerait voir révolues, et, à l'image de Phil s'offusquent du naturel de leurs jeunes compagnes.*

Ainsi Alain (La Chatte, Grasset) : « Mais quelle... mais quel culot ! Elle me croit mort ? Ou bien elle trouve tout naturel de se balader toute nue ? Oh ! mais ça changera... ».

L'étonnement de Didier (in Nudité, Flammarion) répond, vingt ans plus tard à celui de Phil : « Dès le lendemain l'étonnement fut pour lui. Car la petite épouse, convaincue, se promenait déjà sans voile, et sans voile s'attablait devant le chocolat mousseux... ».

Comment interprétez-vous ces réactions masculines ?

Les mentalités ont-elle changé soixante-douze ans après la parution du *Blé en herbe* ?

Le personnage de l'initiatrice Camille semble ne plus avoir l'importance qu'il avait dans le monde de 1923 ; l'acte d'amour de Phil et de Vinca ne paraît plus être aujourd'hui un crime contre une loi.

Alors, le roman est-il dépassé ? Nous ne le penserons pas car, par leur acte, par leur impatience à mordre dans la vie, par leurs révoltes contre toutes les lenteurs qui freinent leur marche, Phil et Vinca ressemblent aux adolescents d'aujourd'hui. Ce qu'il convient d'admirer dans *Le Blé en herbe*, hymne à la jeunesse, c'est sa modernité.

DOSSIER COMPLÉMENTAIRE

❏ Du livre au film, adaptations...

Nous tenons à remercier ici la société « TELEDIS » et le « SERVICE DES ARCHIVES DU FILM » qui ont permis la constitution de ce dossier complémentaire en mettant à notre disposition, l'une le scénario, l'autre la copie du film de Mr Autant-Lara.

Le film « Le Blé en herbe » est diffusé en vidéo-cassette par René CHATEAU Vidéo, collection « Les années cinquante ».

Activités

1. Repérez dans le roman les quatre extraits qui vous sont proposés. Que constatez-vous ?

2. Étudiez les modifications subies par le roman de Colette.

3. Étudiez comment le rythme et le sens de la narration dans le roman sont transformés par les dialogues du film.

4. Qu'apportent les mouvements de la caméra ? Que pensez-vous des gros-plans ?

• Extrait n° 1

C'est la nuit. Le clair de lune fait sortir le portail de Ker-Anna de l'ombre.

Camille lit dans son salon, à la lumière d'une lampe de chevet.

Elle fume lentement.

Un grincement de la grille la fait se lever du sofa ; elle s'approche de la fenêtre. Elle aperçoit Philippe qui remonte l'allée.

Elle se couvre d'un peignoir blanc et descend dans le jardin.

Gros plan de plus en plus serré sur Philippe assis, recroquevillé, dans l'encoignure d'une porte de service.

N° plans	Personnages	Texte	Nbre images
557	Mme Dalleray	*Mais qu'est-ce que vous faites encore ici ?...*	56
558	Phil	*Vous voyez, j'attends.*	40
559		*Vous m'avez dit de revenir comme un mendiant, la main tendue.*	56
560		*Vous n'allez pas me renvoyer maintenant, non ?*	46
561	Mme Dalleray	*Je m'étais trompée, Philippe.*	43
562		*Il faut partir...*	31
563	Phil	*Mendiant, affamé, vous avez dit les deux : choisissez, ça m'est égal.*	89

564		*En tout cas vous m'avez dit de revenir...*	52
565		*Les mendiants attendent aux portes.*	53
566	Mme Dalleray	*C'est vous qui pourriez me donner quelque chose.*	62
567		*Et ça, je ne veux pas...*	36
568	Phil	*Vous donner quoi... ? Je n'ai rien.*	69
569	Mme Dalleray	*Vraiment rien...*	29
570		*Personne... ?*	27
571	Phil	*Rien.*	21
572	Mme Dalleray	*Allez... Allez... On vous attend.*	53
573	Phil	*Non... Rien, ni personne.*	77
574		*Le vrai mendiant...*	38

Il lui tend la main ; elle la prend, l'aidant à se relever. Elle garde la main de Phil entre les siennes. Elle semble serrer très fort.

575	Mme Dalleray	*Peut-être, Philippe.*	36
576		*Mais prenez garde ; ce que je peux vous donner moi,*	75
577		*... ce n'est pas grand'chose.*	35
578		*N'importe qui pourrait vous le donner...*	48

| 579 | Phil | *Ne dites pas de mal de vous.* | 44 |

Elle s'aperçoit que leurs mains tremblent.

| 580 | Mme Dalleray | *Vous avez froid ?* | 32 |

| 581 | Phil | *Je ne crois pas.* | 29 |

| 582 | Mme Dalleray | *Vous tremblez.* | 33 |

| 583 | Phil | *C'est vous.* | 28 |

| 584 | Mme Dalleray | *Oui, j'ai un peu froid.* | 36 |

Elle l'entraîne vers la porte d'entrée de la villa qu'elle ouvre. Elle le fait passer devant. Puis elle referme la porte sur eux.

Ils gravissent des escaliers jusque devant la porte de la chambre de Camille.

Elle ouvre la porte, entraîne Philippe :

| 585 | Mme Dalleray | *Petit mendiant... Tu ne sais pas ce que tu me donneras...* | 107 |

Ils passent le seuil. Camille repousse la porte. Gros plan sur la poignée de la porte qui se rabat et qui isole les deux personnages.

• Extrait n° 2

Dans la chambre de Camille, quelques heures plus tard. Elle s'éloigne de sa coiffeuse où elle vient de se remaquiller et de se recoiffer. Elle a passé un peignoir et se dirige vers le lit où Philippe dort, nu.

N° plans	Personnages	Texte	Nbre images
586	Mme Dalleray	*Philippe... Il est deux heures.*	77
587		*Il faut partir, Philippe...*	58
588	Phil	*Non. Pourquoi ?... Je suis très bien, ici...*	63
589	Mme Dalleray	*Non, mon chéri.*	24
		Il faut partir.	29
		Et puis, tu reviendras...	32
592	Phil	*Quand ?...*	26
593	Mme Dalleray	*Demain, si tu veux...*	30
594	Phil	*Demain, c'est aujourd'hui...*	37
		Vous êtes pire que les parents...	47
596	Mme Dalleray	*Et comment vas-tu rentrer chez toi ?...*	52
		Je parie qu'on ferme tout à clef, la nuit.	46
598	Phil	*Oh ! J'ai l'habitude...*	51
		Ça n'est rien... J'ai laissé une fenêtre ouverte.	36
600	Mme Dalleray	*Et si l'on voit que tu es parti ?*	33

601	Phil	*J'ai fermé ma chambre à clef.*	40
		Ah ! Zut !... Où est-ce qu'elle est ?...	57
		... ou alors devant votre porte !...	82
604		*Ça y est !... La voilà !...*	60

Il ramasse la clef, tombée sous le lit.

605	Mme Dalleray	*Tu étais donc tellement sûr que tu en aurais besoin ?...*	65
606	Phil	*Pas vous ?...*	29
607	Mme Dalleray	*Pas du tout...*	27

Ils s'embrassent.

608	Phil	*Et... vous le regrettez ?...*	46
609	Mme Dalleray	*Pas encore, Monsieur...*	47
		... Tu es tout ébouriffé...	50
611	Phil	*À qui la faute ?...*	41
		Elle est bonne, votre brosse...	48

Il s'aperçoit dans la glace, se penche sur le reflet de son visage.

		... mais votre glace, qu'est-ce qu'elle a ?...	86
		Je ne me reconnais pas...	38
615	Mme Dalleray	*Bien sûr, Philippe...*	39
616	Phil	*J'ai changé ?...*	38
617	Mme Dalleray	*Vous avez seize ans et une nuit...*	94

Phil rentre à pied dans la nuit. Il passe devant une fontaine. Il s'arrête, il hésite. Brusquement il se dévêt, et, torse nu, se lave à grande eau.

• Extrait n° 3

Dans la matinée qui suit la nuit au cours de laquelle Phil et Vinca ont eu leur première expérience amoureuse commune.

Les deux adolescents passent entre les étalages de légumes et de poissons. Une pluie légère tombe.

N° plans	Personnages	Texte	Nbre images
1023	Vinca	*Mais enfin, Phil, pourquoi fais-tu une tête pareille ce matin ?...*	63
1024	Phil	*Ah ! Si tu ne comprends pas...*	47

Une noce, en costume breton, passe, joyeuse, se dirigeant vers l'église. Vinca sourit en la suivant des yeux.

| 1025 | Vinca | *Qu'est-ce que tu me reproches ?...* | 35 |
| 1026 | Phil | *De ne pas m'aimer...* | 25 |

La pluie, soudain, redouble ; Phil et Vinca courent vers l'église et y pénètrent pour se mettre à l'abri. Ils restent au dernier rang.

Toutes les répliques vont être murmurées.

1027	Vinca	*Bon... Il faut croire que je n'y connais rien...*	79
		... même après ce qui s'est passé, Phil ?	41
1029	Phil	*Justement, Vinca... À te voir, on croirait qu'il ne s'est rien passé.*	83
1030	Vinca	*Phil... tu es fou ?*	53
		Je ne peux tout de même pas aller le dire à tout le monde...	58

		Moi, je veux bien, tu sais…	45
1033	Phil	*C'est peut-être moi qui demande trop…*	53
1034	Vinca	*Mais je te jure, Phil, je suis heureuse !*	72
1035	Phil	*Tu n'es pas heureuse, tu es gaie…*	49
1036	Vinca	*Oui, peut-être… mais en plus…*	67
1037	Phil	*Quand on est heureux il n'y a rien en plus…*	48
1038	Vinca	*Mais alors qu'est-ce que c'est, d'être heureux ?…*	85
1039	Phil	*Oh ! Est-ce que je sais, moi ?…*	42
1040	Vinca	*Oh !… Si Phil… Je vois bien que tu le sais…*	84

Phil s'agenouille sur le prie-Dieu.

		Tu es fatigué…	29
1042	Phil	*Non, mais on est mieux.*	40
		Écoute. Vinca ne pensons pas trop à cette nuit.	90
		Moi je crois que tout sera très bien.	56
		Que tout sera très bien, tu m'entends, Vinca chérie…	61
		Il faut vraiment que tu y croies…	41

Le prêtre, devant l'autel, bénit les alliances. Les époux se les passent aux doigts.

| 1048 | Phil | *Tu veux...* | 25 |

| 1049 | Vinca | *Oui* | 23 |

Phil et Vinca miment les gestes des mariés se passant les anneaux aux doigts. Gros plan sur les mains des enfants. Phil glisse au doigt de Vinca une alliance imaginaire.

Au moment de passer l'alliance au doigt de Phil, Vinca hésite :

| 1050 | Vinca | *Le petit garçon qui est venu tout à l'heure...* | 56 |
| | | *Il venait te dire qu'elle part ce matin.* | 49 |

Phil retire sa main avec brutalité.

| 1052 | Vinca | *Heureusement que c'était pour rire.* | 33 |

| 1053 | Phil | *Quoi ?...* | 21 |

| 1054 | Vinca | *Non. Je voulais dire... ça.* | 122 |

Et elle montre sa main sur le doigt de laquelle Phil a, tout à l'heure, fait semblant de passer un anneau de mariage.

Phil s'enfuit. Vinca reste seule, prostrée et en larmes, tandis que retentit une marche nuptiale joyeuse qui salue la sortie des mariés...

... Pendant que Phil, sous la pluie battante qui noie ses larmes sur son visage, essaie vainement d'ouvrir la grille de Ker-Anna qu'une lourde chaîne ferme.

• Extrait n° 4

C'est le matin du départ. On enferme les derniers bagages dans les voitures. On ferme la villa. On cloue les volets.

N° plans	Personnages	Texte	Nbre images
1060	Mr Ferret	*Où est Phil ? Il ne donnerait pas un coup de main, non ?*	67
		Où est-ce qu'ils sont ?...	30
1062	Mme Audebert	*Phil et Vinca !...*	53

Plus loin, sur la plage Phil et Vinca sont habillés pour le voyage. Tenues de ville, imperméables.

1063	Phil	*Allons-y !...*	26
1064	Vinca	*Phil et Vinca.*	27
		Tu entends ? Ça faisait un seul mot :	93
		« Philévinca ».	34
1068	Phil	*Oui, j'entends... « Phil et Vinca »...* *C'est toujours la même chose.*	110
		Qu'est-ce que tu as ?	44
1070	Vinca	*Ce qui me fait tant de peine,*	48
		... c'est que cette année, ça ne m'ennuie pas de partir.	9
1072	Phil	*Tu dis ça... tu verras, l'an prochain.*	7

1073	Vinca	*Non, vois-tu, ce que je voudrais,*	
		au contraire.	9
		… ce serait revenir en arrière, et	
		avoir un an de moins.	106
1075	Phil	*Il ne faut pas dire ça.*	35
1076	Vinca	*Pourquoi ?...*	30
1077	Phil	*Parce que ça n'est pas*	
		possible...	48

Au loin, Mr Ferret appelle : « Phil et Vinca !... »

| 1078 | Vinca | *Viens...* | 25 |
| 1079 | Phil | *Tiens !* | |

Il se baisse pour ramasser un galet

| | | *Garde ça...* | 65 |

1080	Vinca	*Qu'est-ce que c'est ?*	31
1081	Phil	*Je ne sais pas. N'importe quoi...*	55
		Un souvenir.	30
1083	Vinca	*Merci, Philippe...*	37
1084	Phil	*Pourquoi « Philippe » ?*	37
1085	Vinca	*Merci, Phil...*	51

Ils s'éloignent, la main dans la main.

En dépit de l'heure matinale le ciel, à contre-jour, est bas et sombre.

Au premier plan les vagues viennent lécher le sable de la plage pendant que s'inscrit le mot « FIN ».

Collection PARCOURS DE LECTURE

• Série **Collèges** *(animée par Michel Descotes, Jean Jordy
et Gérard Langlade)*

> *Une étude de l'œuvre, des repères qui dégagent les métho-
> des d'analyse et les notions utilisées, des prolongements
> et des documents complémentaires.*
> *La série **Collèges** porte sur des œuvres souvent étudiées
> dans les classes de Collège et propose des activités qui
> incitent à étudier des points précis, à formuler des décou-
> vertes, à s'exprimer par écrit.*

> *et de nombreux autres titres à paraître.*

Les ouvrages marqués d'un * comportent le texte intégral de l'œuvre étudiée.
Pour CALVINO, *Marcovaldo* : trois nouvelles.
    LA FONTAINE, *Fables* : seize fables.
    PERRAULT, *Contes* : trois contes.

Achevé d'imprimer par Corlet, Imprimeur, S.A.
14110 Condé-sur-Noireau (France)
N° d'Imprimeur : 12759 - Dépôt légal : septembre 1995
Imprimé en C.E.E.